kremayr
scheriau

Martin Peichl

In einer komplizierten Beziehung mit Österreich

Es sind die Wenigsten von uns, die in unkomplizierten,
dauerhaften, ungestörten Verhältnissen leben.
Wir sollten nur warnen vor uns.
Wird man deinem Buch die Schwierigkeiten anmerken,
die mit deinem Buch nichts zu tun haben, aber in denen
du jetzt lebst?

JÜRGEN BECKER

manchmal weiß ich nicht mehr, wo mein Bett ist

FRIEDERIKE MAYRÖCKER

BOOM BOOM BOOM BOOM
I want you in my room
let's spend the night together
from now until forever

VENGABOYS

AB UND ZU
ZIEHT ES MICH
ZU DIR HIN
A LOVE STORY

Tal ohne Schluss

Marta erzählt vom Schweineblut. Sie zündet sich die fünfte Zigarette an, bläst den Rauch seitlich durch ihre extra für heute rot geschminkten Lippen und erzählt vom Schweineblut, das im Innenhof durch die Ritzen geronnen ist, sich an regnerischen Tagen mit dem Regenwasser vermengt hat und dann noch schneller geflossen ist, sie erzählt vom Schweineblutgeruch, der sich mit dem Kaffeegeruch, der sich mit dem Apfelstrudelgeruch aus der Küche vermischt hat. Marta greift nach dem Weinglas, nimmt einen großen Schluck und erzählt von den Fingern ihres Halbbruders, von seinen acht Fingern, weil zwei hat der Ferdi bei einem Unfall mit der Kreissäge verloren, sie sagt, dass an den Fingern ihres Halbbruders, den acht Ferdi-Fingern, manchmal noch Schweineblut geklebt hat, wenn er sich zum Essen an den Küchentisch gesetzt hat, und ich und die anderen wissen, was als Nächstes kommt, dass sie als Nächstes erzählen wird, wie eines Tages auch ihr Blut an den Ferdi-Fingern geklebt hat, am Mittelfinger und am Ringfinger seiner rechten Hand, und auch teilweise am Stumpf daneben, Martas Blut.

Nur einmal kurz probieren, hat der Ferdi gesagt, alle anderen machen das auch, da ist nichts dabei, die Marta soll sich nicht so anstellen, nur ganz kurz, hat er gesagt und seine linke Hand auf ihren Mund gepresst und die rechte unter ihren Rock geschoben, fünf Ferdi-Finger auf Martas Lippen, damit sie nicht schreit, die anderen drei unter Martas Rock, in Martas Unterhose, ein Finger, dann ein zweiter: in Marta. Und der Ferdi, der hat gegrunzt – vielleicht nur in ihrem Kopf, vielleicht aber auch tatsächlich. Sie hat nie verstanden, sagt Marta, und sie wird nie verstehen, warum sich Menschen in Beziehungen gegenseitig Tiernamen geben, sie kann sich das nur so erklären, sagt Marta und dämpft die Zigarette aus, drückt sie fest in den Aschenbecher hinein und schenkt sich noch Wein nach, sie kann sich das tatsächlich nur so erklären, dass das aus tiefer Verachtung und aus tiefstem Hass heraus passiert, wenn man seinen Partner »Mausi« nennt oder »Hase«. Sie will gar nicht wissen, wie es in den Schlafzimmern dieser Menschen zugeht.

Wenn sie jetzt an den Ferdi denkt, sagt Marta, und das Weinglas ist schon fast wieder leer, dann denkt sie auch an das Geräusch der Kreissäge und wie oft sie sich vorgestellt hat, Ferdis Drei-Finger-Hand zu nehmen und so lange in das rotierende Sägeblatt hineinzuhalten, bis nur mehr Knochen übrig sind, bis das Ferdi-Blut im Innenhof durch die Ritzen rinnt, so lange, bis endlich die Wolken brechen und es zu regnen beginnt, und im Stall die Schweine: so laut, dass niemand den Ferdi schreien hört. Was wohl aus ihm geworden ist, denken wir, aber niemand spricht die Frage aus, lieber noch eine Runde Schnaps, und wir werden ganz still, nur draußen rauscht der Wind in den Bäumen und in uns drinnen das Blut: rauscht, stockt, rauscht weiter.

Dass sie im Löschteich schwimmen gelernt hat, erzählt uns Marta, dass ihr Stiefvater vor ihren Augen zwei Schwimmflügel aufgeblasen hat mit seinem Wirtshausatem, dass er ihr die Schwimmflügel über ihre dünnen Kinderarme gezogen hat, dass sie immer noch nicht das dabei entstehende Geräusch beschreiben kann, dass sie sich zuerst die Ohren zuhalten wollte, dann aus Angst vor dem Stiefvater und seinen ausrutschenden Händen aber ganz still gestanden ist, dass sie auch ganz stillgehalten hat, als er sie dann hoch und über den Zaun des Löschteichs gehoben, sie in das Wasser hineingetaucht hat, mit den Zehenspitzen zuerst und ganz langsam, als würde er einen Teebeutel in brennheißes Wasser gleiten lassen, sagt Marta, dass er sie also ganz langsam in das Löschteichwasser getunkt hat, daran kann sich Marta noch erinnern. Aber nicht daran: wie sie schwimmen gelernt hat.

Im Winter war der Löschteich meistens zugefroren und sie konnten darauf Schlittschuhlaufen. Am Heiligen Abend, sagt Marta, immer das gleiche Ritual: Sie ruft die Nachbarstochter an, die ein Jahr jüngere Babsi, und sie erzählen sich am Telefon, wie brav das Christkind bei ihnen gewesen ist und wie groß und bunt die Packerl und wie groß und bunt der Christbaum, bis der Stiefvater kommt, seinen Schatten auf die Wählscheibe wirft und sagt, das war jetzt aber lange genug und dass sie keinen Geldscheißer haben, auch nicht zu Weihnachten.

Wenn Marta ans Land denkt, an ihre Kindheit und Schulzeit, dann immer auch an den Postbus, der damals, es war ein Tag im Februar, vermutet Marta, als der Postbus, fast ausschließlich gefüllt mit Schulkindern, bei Glatteis ins Schlittern geraten und ganz langsam, im Zeitlupentempo, in den Straßengraben gerutscht ist. Schultaschen sind durch den Bus geflogen, Hausübungshefte, aus denen gerade noch abgeschrieben worden ist, sind durch die Luft geflattert, eine Stimmung wie auf der Titanic, sagt Marta, zumindest stellt sie sich so die Stimmung auf einem sinkenden Schiff vor, und sie weiß noch, wie sie den Atem angehalten hat, als würde sie gleich unter Wasser getaucht werden, in ihr drinnen: eine unbestimmte, aber direkt unter der Haut spürbare Vorfreude auf die von ihr erwartete Katastrophe, und dann die Enttäuschung, weil der Bus einfach nur hängengeblieben, steckengeblieben ist in dieser Schräglage, kein Splittern von Glas, kein Blut, das ihr ins Gesicht gespritzt ist, keine offenen Brüche oder zerquetschten Körper, einfach nur ein Postbus, der bei Glatteis von der Fahrbahn abgekommen und in den Straßengraben hineingerutscht ist, an einem Wintertag, vielleicht im Februar.

Auf der Hochzeit vom Steinkogler Lukas, erzählt Marta, der damals im selben Bus gesessen ist, wahrscheinlich muss sie deshalb jetzt an ihn denken, auf der Hochzeit vom »Stony«, wie ihn seine Schulfreunde noch immer nennen, hat sie auf einmal das Bedürfnis gehabt, alle Schaumrollen, die im Speisesaal auf den Tischen verteilt angerichtet waren, es war ein heißer Sommertag im Burgenland, warum heiraten eigentlich alle ihre Freunde und Freundinnen im Burgenland, hat Marta sich gefragt, ein heißer Samstag im Burgenland, circa 35 Grad, schätzt Marta, jedenfalls plötzlich die Idee, nein: das alles andere betäubende Verlangen, sämtliche Schaumrollen zu essen, als wäre es ein Spiel, dessen Regeln nur sie kennt, also ist sie von Tisch zu Tisch, hat die Gäste in Gespräche verwickelt, hat ihr Glas mit Weißwein mitgenommen, hat immer wieder nachgefüllt, randvoll, bis zum Anschlag, sagt Marta, dabei hat sie an ihren Physiklehrer denken müssen, der ihnen das Gesetz der Kohäsion erklärt hat, und mit jedem Mal Einschenken hat Marta die Grenzen dieses Naturgesetzes ausgelotet, das Glas immer mit dabei, von Tisch zu Tisch, ein Gesprächsthema belangloser als das andere, und sie ist auch nur so lange geblieben, bis sie alle Schaumrollen aufgegessen hatte, zwei, drei Bissen Schaumrolle, zwei, drei Schluck Wein, RINSE AND REPEAT, weiter zum nächsten Tisch, Gespräche über das Kleid der Braut, über das Wetter, die schöne Location, weiter zum nächsten, dazwischen das Brautstraußfangen, da war ihr schon ein wenig schlecht von den Schaumrollen, muss Marta zugeben, und hätte sie nicht schon so viele gegessen gehabt, wer weiß, vielleicht wäre sie dann zwei, drei Zentimeter höher gesprungen, dann hätte sie den Strauß gefangen und nicht die Wagner Susi. Marta schenkt sich nach, wir denken an Kohäsion, Marta trinkt, sie kann sich nicht mehr erinnern, wie viele Schaumrollen insgesamt oder wie viele Gläser Wein, nur noch daran, dass sie irgendwann mit dem Renner Georg im Klo gestanden ist und er seine Hose aufgemacht hat, eine Schaumrolle mehr oder weniger ist auch schon wurscht, hat Marta sich gedacht und sich umgedreht und das Kleid nach oben geschoben, am nächsten Tag dann die Pille danach, gar nicht so leicht im

Burgenland an einem Sonntag, sagt Marta, wir nicken, das können wir uns gut vorstellen, die reinste Odyssee, und wenn sie jetzt irgendwo Schaumrollen sieht, dann sieht sie noch immer den Brautstrauß an ihr vorbeisegeln, ganz knapp. An den Renner Georg hingegen denkt sie kaum noch.

Marta geht zum Kühlschrank, ob sie uns auch was mitbringen soll, wir bejahen, wir leeren die Aschenbecher, räumen ein paar Weinflaschen vom Tisch. Als Marta zurückkommt, erzählt sie von Jakob, und wir versuchen nicht mit den Augen zu rollen, wir versuchen auch nicht zu laut auszuatmen, als sie ihn erwähnt, wir wissen nicht, was wir schlimmer finden: die Ferdi-Geschichten oder die Jakob-Geschichten, sie erzählt, dass Jakob neuerdings in seinem Kalender die Tage markiert, an denen er keinen Alkohol getrunken hat, da notiert er dann »KA« als Abkürzung für »Keinen Alkohol«, erzählt Marta und bemerkt unsere Blicke nicht oder ignoriert sie, als sie weitererzählt, dass Jakob außerdem angefangen hat, jene Tage zu markieren, an denen er kein Fleisch gegessen hat, das mit dem Alkohol macht er ja hauptsächlich für sich selbst, vielleicht auch ein wenig für Marta, aber sie kann nicht mit Sicherheit sagen, wie groß ihr Anteil daran ist, weil endlich weniger trinken, soll Jakob gesagt haben, das mit dem Alkohol macht er also hauptsächlich für sich selbst, aber das mit den fleischfreien Tagen, das macht er für die Umwelt, weil – so Jakob laut Marta – es sich einfach nicht ausgeht, es sich auch gar nicht ausgehen kann, wenn wir derart weitermachen mit den Ressourcen, und der Fleischkonsum – wir hören Jakobs Stimme dabei – ist ein einziger Wahnsinn, diese Tötungs- und Fleischverzehrmaschinerie, die wir mit allen Mitteln und gegen jede Vernunft am Laufen halten, ist ja nicht nur tier-, sondern in weiterer Folge auch menschenverachtend, wie überhaupt unser ganzes kapitalistisches System menschenverachtend ist, aber manchmal, erzählt Marta, trinkt Jakob dann doch wieder, es sind gar nicht wenige Tage in seinem Kalender, sagt sie, an denen kein »KA« steht, und das eine führt dann meist zum anderen, also zuerst ein paar Bier und dann der leichte, später der mittelschwere Rausch und schon kommt der Hunger, dann ist der Weg zum Würstelstand nicht weit und am nächsten Tag manchmal ein Reparatur-Seidl gegen den Kater und dann wieder kein »KA« in seinem Kalender. Wenn er getrunken hat, dann will Jakob aber nicht nur Fleisch, dann will er auch Sex, und Marta weiß nie genau, wo er sich den dann holt, sicher nicht immer bei ihr, deshalb auch noch immer keine gemeinsame Wohnung, und wahrscheinlich wird sie kinderlos bleiben, was laut ihrer Frauenärztin eine Verschwendung wäre, »tipptopp« hat diese bei ihrer letzten Untersuchung gesagt und ihre Gebärmutter damit gemeint, die reinste Verschwendung jedenfalls, wenn Marta keine Kinder bekommt, so oder so ähnlich hat das ihre Frauenärztin formuliert, wobei, auch daran hat Marta schon gedacht, sie könnte natürlich einfach die Pille absetzen oder sie sucht sich einen anderen, einen, der weniger trinkt, von ihr aus kann er auch Fleisch essen, aber trinken soll er nicht so viel und weniger oft mit anderen Frauen, darauf stoßen wir an, vielleicht auch auf Martas Gebärmutter, ganz sicher auf die Vorstellung, dass sie mit Jakob Schluss macht.

Einmal hat er ihr eine tote Katze ins Bett gelegt, ob sie uns das schon erzählt hat, fragt Marta, also nicht Jakob, sondern der Ferdi, die Katze, die er am Nachmittag mit seinem Moped überfahren hat, ein schwarz-weißes Knäuel zwischen gelbem Löwenzahn und dem Grün der Wiese. Und der Ferdi, so stellt es sich Marta vor, muss die Katze in seinen Rucksack zu seinen Badesachen gestopft haben, und das Blut der überfahrenen Katze hat sich vermischt mit dem Teichwasser, das aus Ferdis restfeuchter Badehose getropft ist, und dann ist er weitergefahren, über den Feldweg, vorbei an Kukuruzfeldern und den Bienenstöcken der Nachbarn, bis in den Hof hinein. Wann genau er in Martas Zimmer gegangen ist, um die Katze in ihr Bett zu legen, weiß sie nicht. Sie kann sich nur noch erinnern, dass sie im Dunkeln auf einmal das Fell ertastet hat, aber es nicht warm war wie sonst, an ihre Hand, die über das eingetrocknete Katzenblut streichelt.

Einreiben, sagt Marta, als sie bemerkt, dass es draußen zu schneien begonnen hat, ist ein arges Wort, die Kanadier sagen SNOW JOB dazu, ob wir das gewusst haben, SNOW JOB klingt fast noch ärger, findet Marta. Als Kind hat sie sich nicht viel dabei gedacht, wenn der Ferdi sie mit Schnee eingerieben hat, wenn er ihr den Schnee an ihrem Schal vorbei bis in den Kragen ihres Pullovers hineingedrückt hat, wenn er in ihre Schneehöhle hineingerobbt ist und sie zum Einstürzen gebracht hat, die Schneehöhle, die Marta einen ganzen Vormittag lang gegraben hat, manchmal auch ein ganzes Schneehöhlensystem mit einer Haupthöhle und zwei, drei kleineren, mit Abzweigungen und Luftlöchern, aber dann ist der Ferdi gekommen und alles ist eingestürzt, und er hat sie eingerieben, sagt Marta, bis ihre Haut ganz rot, bis ihre Haut fast taub, und dass sie jetzt auch an Ferdis Schneemänner denken muss, denen immer Körperteile gefehlt haben, ganze Arme oder beide Augen, fast immer ein Mund, sie kann sich nicht daran erinnern, dass der Ferdi jemals einen Schneemann gebaut hat, der nicht irgendwie verstümmelt gewesen ist, und sie weiß noch, dass sie manchmal versucht hat, die Schneemänner zu reparieren, dann hat sie heimlich die fehlenden Gliedmaßen ergänzt oder ihnen Augen aus Kohlestücken, eine Nase aus einem Zweig gebastelt, vielleicht hängt sie auch deshalb so an Jakob, sagt Marta, im Licht der Straßenlaterne direkt vorm Fenster: große, weiche Flocken, sie scheinen nach oben zu fliegen mit dem Wind.

Marta will nichts davon wissen, wenn wir ihr sagen, sie hat etwas Besseres verdient, sie sagt, was soll sie machen, wenn sie sich nicht verliebt, sie hat sich bei diversen Dating-Plattformen angemeldet, hat sogar ein paar der Männer getroffen, wir schenken ein, wir heben die Schnapsgläser, weil sie auf uns gehört, weil sie unseren Rat befolgt hat, stoßen an, Prost, sagen wir, einen Dominik zum Beispiel, erzählt Marta, einen Dominik, 34, der sie treffen wollte, um seine größte sexuelle Fantasie auszuleben, seine größte sexuelle Fantasie endlich in die Tat umzusetzen, wie er es genannt hat, und Marta sollte ihm dabei helfen, das wollte sie natürlich unterstützen, sagt sie, der arme Dominik, hat mit Mitte dreißig noch nie seinen größten sexuellen Wunsch erfüllt bekommen, also haben sie sich getroffen, mitten in der Nacht in seiner Wohnung, die Wohnung war nicht weiter verdächtig, ein paar Brettspiele zu viel vielleicht, hat Marta sich gedacht, aber sonst keine Auffälligkeiten, und nach ein paar Drinks war besagter Dominik bereit, seine Fantasie mit ihr zu teilen, er würde Marta gerne von hinten, also genau genommen: in den Arsch ficken, er hat auch extra Gleitgel gekauft, er wird auch ganz vorsichtig sein, versprochen, zuerst nur die Spitze zum Beispiel, und Marta hat in aller Ruhe ausgetrunken und dann musste sie doch lachen, woraufhin er wütend geworden ist, warum sie ihm das antut, ob sie ihn für einen perversen Freak hält, es ist doch ganz normal, so etwas wie Analsex ausprobieren zu wollen, aber Marta ist einfach nur aufgestanden und hat ihn fest umarmt, ein wenig kumpelhaft vielleicht, hat ihm dreimal auf den Rücken geklopft, hat ihre Jacke und ihre Handtasche geschnappt und ist raus aus der Wohnung, er hat ihr noch im Stiegenhaus nachgerufen, sie als Hure beschimpft, erzählt Marta und sagt, dass sie seit diesem Dominik-Vorfall glaubt zu wissen, was Männer meinen, wenn sie von sexuellen Fantasien sprechen, dann wollen sie dich in den Arsch ficken, sehr fantasievoll, oder statt ins Kondom auf deinen Bauch abspritzen oder ins Gesicht, voll fantasievoll, oder sie wollen Sex auf der Dachterrasse, unglaublich fantasievoll, sagt Marta, und mittlerweile ist sie sich ziemlich sicher, eigentlich vollends davon überzeugt, dass Männer keine Fantasie besitzen, ganz sicher keine sexuelle, und Männer mit Dachgeschoßwohnungen die fantasielosesten überhaupt sind.

Wir schenken Wein nach, wir schenken Schnaps nach, überlegen kurz, in welchem Stock Jakob wohnt, wir wollen wissen, was sie denn gerne erleben, gerne ausprobieren würde, und

Marta muss nicht lange überlegen, sie würde gerne in einer öffentlichen Bücherei Sex haben, sagt sie, aber zuvor, als Vorspiel quasi, gemeinsam einen Haufen Bücher aussuchen, also vor dem Sex würden sie und ihr Partner durch die Bücherei gehen und Bücher aus den Regalen holen, die sie gerne gelesen hätten, immer schon lesen wollten, aber nicht dazu gekommen sind, Marta zum Beispiel würde den *Mann ohne Eigenschaften* auswählen und *Infinite Jest*, vielleicht auch *Moby Dick*, dann würden sie sich gegenseitig aus den Büchern vorlesen, vielleicht sogar ein paar Sätze mit Bleistift unterstreichen, mal ganz sanft und dann wieder so fest, dass die Striche ganz tief in das Papier eindringen, und anschließend auf dem Bücherhaufen Sex haben, wie genau, das ist zweitrangig, sagt Marta, aber seine und ihre Körperflüssigkeiten würden in die offenen Bücher rinnen und die Seiten verkleben, sich vielleicht sogar mit den zuvor gezogenen Bleistiftlinien vermischen, und sie würden die Bücher wieder zurück in die Regale räumen, sie die von ihm ausgewählten und er die von ihr ausgewählten, sich die Signaturen und die Standorte der Bücher merken, auf diesen Teil freut sie sich am meisten, sagt Marta, das langsame Zurückstellen der Bücher, und ihr gefällt die Vorstellung, dass sich irgendwann jemand eines dieser Bücher ausborgt, in dem sie, in dem er, in dem sie gemeinsam kleben. Dieser Gedanke erregt sie sehr, sagt Marta und trinkt von ihrem Wein. Es ist kein Wunder, denken wir, dass Marta ihren E-Reader wieder verkauft hat, es ist wirklich kein Wunder.

Komisch, sagt Marta und zündet sich die nächste Zigarette an, aber manchmal fragt sie sich, was er jetzt wohl macht, der

Ferdi, und ob etwas aus ihm geworden ist, wie man so schön sagt, das fragt sie sich dann doch immer wieder. Dass sie einmal vor ein, vielleicht zwei Jahren am Hof vorbeigefahren, aber nicht ausgestiegen ist. Sie hat sich nicht überwinden können, das Auto zu verlassen, und wenn sie ganz ehrlich ist, hat sie es nicht einmal geschafft, anzuhalten, sie ist im Schritttempo und mit heruntergelassenem Fenster am Hof vorbeigefahren, es muss später Nachmittag gewesen sein, vom Nachbargrundstück das Geräusch einer Kreissäge, vielleicht auch nur: das Geräusch der Melkmaschinen, und Martas Angst, der Ferdi könnte jeden Moment im Hoftor auftauchen, und also ist sie aufs Gas gestiegen, hat beschleunigt auf circa 70 km/h im Ortsgebiet, wäre fast in einen Traktor, nein: in einen Mähdrescher hinein, und erst auf der Landstraße, sagt Marta, hat sie wieder Luft bekommen und musste stehen bleiben, weil ihr so schlecht gewesen ist von der Vorstellung, der Ferdi würde im Hoftor auftauchen und langsam auf ihr Auto zugehen und mit seiner Drei-Finger-Hand die Beifahrertür aufmachen. Marta zieht ein letztes Mal an der Zigarette, ihr Blick fällt in das leere Schnapsglas. Ihr Blick geht dort ein wenig unter.

WIR LIEBEN
UNS MIT
MESSER GABEL
SCHERE LICHT

Der Kessler-Effekt

Jelena steht vor dem Spiegel, ich in der Badezimmertür. Vor fünf Minuten hat sie mir noch erklärt, dass ich nicht verwechseln darf, was wir sind, was ich bin: ein Zusatzprodukt (kein Ersatz, kein Zweitgerät, kein Plan B), ein lieb gewonnenes, sicher, mit einem Ausschaltknopf, mit mehreren vielleicht, mit einem Stromsparmodus, mit Updates, die sie nicht immer sofort installiert, einem Abbrechen-Knopf auch irgendwo, ganz sicher, ein abbestellbares Zusatzprodukt mit einer nicht weiter definierten Kündigungsfrist.

Jetzt schweigen wir. Jelena in ihrer Muttersprache, ich in meiner. An guten Tagen würde mir Jelena 3 von 5 Sternen auf Amazon geben. An schlechten Tagen ist ihr Kosename für mich FELER.

Sie schickt mich in die Apotheke. Dort gibt es Schmerzmittel, die man einfach so bekommt, und Schmerzmittel, für die man ein Rezept braucht. Ich weiß, die Tatsache, dass das Wort »Rezept« für zwei so unterschiedliche Dinge wie die Vanillekipferl zu Weihnachten und rektal einzuführende Zäpfchen verwendet wird, irritiert Jelena. Ich kaufe außerdem Tape, für den Fall, dass sie wieder einmal nicht schlafen kann und ich sie so fest in buntes Tape einwickle, bis ihr die Augen zufallen, und ich sie erst am Morgen mit einer Schere befreie, ganz vorsichtig, ihren Körper auspacke wie ein Paket, auf dem in Blockbuchstaben FRAGILE steht.

Während ich auf dem Weg zurück zur Wohnung bin, steht Jelena vielleicht noch immer im Badezimmer. Wie viele Jahre sie schon die gleichen Hautcremes und Haarshampoos kauft, denke ich, mit nur minimalen Variationen, dass sie nie weiß, was sie mit meinem halb leeren Duschgel machen soll, wenn wieder einmal Schluss ist, dass sie mir vielleicht nie erzählen wird, dass sie meine Zahnbürste in den Müllsack gesteckt und kurz darauf wieder herausgeholt, dass sie sie einfach zurückgestellt hat in den Zahnputzbecher, so getan hat, als wäre nichts passiert.

Manchmal stelle ich mir Jelena als Tatort-Reinigerin vor. Was wir schon alles im Waschbecken runtergespült haben: Haare, Fingernägel, Blut, DNA-Proben, genug für ein zweites Leben, eine zweite Existenz, vielleicht: eine Version von uns auf Werkseinstellung.

Ich nehme die Wäsche mit aus der Waschküche, denke an Jelenas Kellerabteil, an die Kisten, die sie schon seit zwei Umzügen nicht ausgepackt hat. Darin verstaut: ein anderes Leben, eine DIFFICULT TO RETURN ZONE, Erinnerungen, zersplittert und zerfranst. Und ich denke an einen Tag im Sommer: Jelena wollte mich nicht mit in ihre Wohnung nehmen, nicht schon wieder, also sind wir in den Keller, und ich habe ihren Rock nach oben geschoben und sie von hinten genommen, bis sie gekommen, bis ich gekommen bin, bis mein Sperma auf den Boden zwischen zwei Kellerabteilen getropft ist, und ich will wissen, ob man Erinnerungen befruchten, schwängern oder zumindest mit Geschlechtskrankheiten anstecken kann.

Von der Couch aus sehe ich Jelena dabei zu, wie sie die Wäsche aufhängt, durch die geöffneten Fenster fällt Nachmittagslicht, sie hängt ihre Unterwäsche auf, ich will nicht wissen, wer sie ihr schon ausgezogen hat und wann, ein feiner Waschmittelgeruch liegt in der Luft, und ich frage mich, OB DAS JETZT LIEBE IST, wenn ich ihr ein Kleid aussuche, das sie zum Konzert anzieht, wenn ich ihr die Haare aus dem Nacken streiche und den Reißverschluss zuziehe, ihre Wohnung verlasse, bevor sie mir sagen kann, dass ich jetzt gehen muss, dass sie spät dran ist.

[…]

Da treibt eine riesige Plastikinsel im Pazifischen Ozean, erzählt mir Jelena, als wir uns das nächste Mal sehen, da treibt eine riesige Plastikinsel zwischen Hawaii und Kalifornien, und seit sie Fotos davon gesehen hat, denkt sie daran, dass sie sich dorthin zum Sterben zurückziehen will, dass sie sich zum Sterben auf eine Plastikinsel im Meer legen, sich selbst entsorgen wird, dann muss sie niemand beerdigen oder verbrennen, dann treibt sie mit dem Plastik im Meer und ist weg.

Wir stehen in der Küche, wir kochen gemeinsam, Jelena schneidet die Karotten, ich die Paprika. Wir schneiden im gleichen Takt, ein scharfes Messer in ihrer rechten Hand, ein scharfes Messer in meiner rechten Hand. Und wenn wir jetzt beide gleich schnell zustechen, tut es vielleicht nicht weh.

Später dann im Hallenbad, wir beide im Chlorwasser, wir reden über MUSCLE MEMORY, *when a movement is repeated over time, a long-term muscle memory is created for that task, eventually allowing it to be performed without conscious effort*, ihr Körper und mein Körper und dazwischen die Chemikalien, *this process decreases the need for attention and creates maximum efficiency within the motor and memory system*. Ich tauche unter, ich halte die Luft an. Ich sehe Jelena nur verschwommen.

[...]

Ich sitze im Büro, ich leite Jelena ein paar Spam-Mails weiter, von denen ich mich besser verstanden fühle als von meinen Kolleginnen und Kollegen, kontrolliere meinen Kontostand, scrolle durch die Liste mit schwarzen und roten Ziffern. Es gibt keinen Zusammenhang zwischen dem, was ich fünf Tage die Woche mache, und den Zahlen auf meinem Konto, die nach oben gehen, nur um später wieder zu sinken. Ich denke an DEATH BY A THOUSAND CUTS, an die chinesische Foltermethode Lingchi, mein Mailprogramm zeigt mir eine neue Nachricht an: von Jelena, sie schreibt, früher haben wir uns auf die Pension gefreut, heute freuen wir uns aufs betreute Wohnen. Und dass sie im Supermarkt einen Mann gesehen hat, der wie Karl Marx ausgeschaut hat und ganz laut »zweite Kassa« gerufen hat. Seit Jelena mit ihrer Hospiz-Ausbildung begonnen und sich für einen Poledance-Kurs angemeldet hat, glaube ich, dass ich sie irgendwann heiraten werde.

[…]

Am Wochenende fahren wir raus aus der Stadt, wir gehen wandern. Wir sind zeitig aufgestanden, haben in unsere leichtesten Rucksäcke eingepackt: Wasser, Jause, Sonnenschutz, haben langsam die Höhenmeter verschoben, eine dünne Schweißschicht auf Jelenas Haut, die der Wind abträgt, mitschleift, ein paar Meter weiter den Hang hinunterschmeißt, bis wir das Gipfelkreuz zuerst sehen, dann erreichen, bis sie meine Hand nimmt und überlegt, ob sie ein Foto machen soll von uns mit den Bergen im Hintergrund und ihren von hier aus nicht erkennbaren Gipfelkreuzen, und ich sehe, dass sie sich dagegen entscheidet, weil es uns vielleicht nicht mehr gibt, wenn der erste Schnee an der Baumgrenze liegen bleibt.

Als wir auf dem Rückweg im Auto streiten, droht Jelena, mich beim nächsten Mistplatz abzugeben. Sie ist wütend, ich weiß nicht, wieso, warum schon wieder, ich weiß es nicht, aber ihre Wut kann man in Kilometern pro Stunde messen, an der Tatsache, dass sie seit Minuten die linke Fahrspur nicht mehr verlassen hat, daran, dass sie nichts mehr sagt, ich weiß nicht, wieso, warum schon wieder, und ich denke, wenn ich ihr jetzt ins Lenkrad greife, wenn ich uns in die Leitplanken oder in die andere Spur steuere, wenn wir jetzt hier tödlich verunglücken und circa gleichzeitig sterben, dass dann vielleicht Teile von ihrem Körper in meinen Körper hineinrutschen, bei der hohen

Geschwindigkeit ist es durchaus vorstellbar, dass man am Ende nicht mehr eindeutig wird feststellen können, wo sie aufhört und ich anfange, dass man uns vielleicht erst aufwändig auseinander wird dividieren müssen, dass meine Vorstellung von Romantik vielleicht immer schon ein Autounfall war, will ich ihr sagen, sage ich ihr nicht.

Wenn Jelena von offenen Beziehungen redet, dann stelle ich mir ein Pflaster vor, das man nicht schnell genug herunterzieht. Dann will ich ihr erzählen, dass ich seit Jahren in einer On-Off-Beziehung mit einer Depression bin, dass sich meine Definition von Depression mit den letzten Worten des Mars-Rovers deckt: *My battery is low and it's getting dark.* Ich weiß, Jelena würde mich trösten, sie würde mir das 1000-Teile-Puzzle zeigen, das sie gebraucht auf einem Flohmarkt gekauft hat, dem vielleicht ein paar Teile fehlen, aber Jelena hat nicht nachgezählt.

[...]

Jelena und ich im Museum, wir stehen vor einem Regal, in dem eine Berliner Künstlerin dutzende Elektrowerkzeuge hinter einer Plexiglasscheibe installiert hat: Kreissägen, Bohrer und Schleifmaschinen. Sie sind mit Zeitschaltuhren ausgestattet. In unregelmäßigen Intervallen erwachen die Maschinen zum Leben, dann bewegen sie sich, jede in ihrem eigenen Rhythmus. Zwei der Werkzeuge sind kaputtgegangen, man hat sie vom Strom genommen. Rundherum vibrieren und lärmen die anderen Geräte, aber die beiden liegen still und leblos hinter der dicken Scheibe. Jelena nimmt meine Hand und sagt: Schau, *this could be us but*.

Stell dir vor, sagt Jelena, die Erde wird hin, doch schneller, als alle vermutet haben, sagen wir in den nächsten zehn bis fünfzehn Jahren, und sie suchen Menschen für die erste Generation auf dem Mars, dann lassen sie uns fix zurück, sagt sie, aus genetischen Gründen, aber auch weil wir keinen einzigen der psychologischen Tests bestehen würden. Wir müssen hierbleiben und dürfen dabei zuschauen, wie alles hin wird. Restl-Trinken, Restl-Ficken bis zum Weltuntergang, eine Restl-Existenz, sagt Jelena, und ich merke, dass ihr die Vorstellung gefällt.

Ob ich ein Lieblingstier habe, will Jelena wissen, als wir das Museum verlassen. Ihre Lieblingstiere jedenfalls sind Walrosse, sagt sie, mit Walrossen kann sie sich identifizieren, die können nämlich das Geräusch von zerbrechendem Eis nicht von Gewehrschüssen unterscheiden, sie liegen ganz ruhig da und merken nicht, dass rundherum die anderen Tiere langsam, eines nach dem anderen, erschossen werden, sie merken nicht, dass sie in Lebensgefahr sind, bis sie selbst von einer Kugel getroffen werden. Außerdem, denke ich, und betrachte im Vorbeigehen Jelenas Reflexion in einem Schaufenster, kann man Walrosse ganz leicht mit Meerjungfrauen verwechseln.

[…]

Wir haben einen Tisch reserviert. Jelena sagt, wir könnten uns zu Halloween als für die Kameras nachgestellte Mondlandung verkleiden, als Terraforming-Projekt, als zwei Flutberge, ich könnte mich als Weltraummüll in ihrer Umlaufbahn, als Absturzstelle oder Einschlagkrater verkleiden, sie als mein Houston, als die Stunden mit eingeschränktem Funkverkehr, als totale Sonnenfinsternis. Wenn ich will, sagt Jelena, können wir uns auch als zwei Menschen verkleiden, die sich gefunden haben und behalten werden.

Beim dritten Glas Wein erzählt sie mir von ihrer Lieblingsserie als Kind, von Ferdy, der Ameise. Gleich in der ersten Folge wird Ferdy in einem Boot von seinen Freundinnen und Freunden weggespült, und es dauert viele Episoden lang, bis er wieder zuhause ankommt. Und sie weiß nicht warum, aber jetzt gerade fällt ihr wieder ein, dass sie als Kind das Wort »Heizkörper« lange Zeit wie »Herzkörper« ausgesprochen hat.

Im Gegenzug erzähle ich ihr von meinem ersten eigenen Fernseher, dass jeden Mittwoch *Akte X* gelaufen ist, dass ich keine Folge verpasst habe und sehr verliebt war in Agent Scully, dass ich seit damals auf zwei Dinge stehe: knielange Röcke und, sie soll das bitte nicht falsch verstehen, nicht persönlich nehmen: unheimliche Fälle.

Vielleicht, sagt Jelena, und wir bestellen noch eine Runde Schnaps, vielleicht nimmt sie mich irgendwann mit, dann zeigt sie mir Karlovac und das kleine Grundstück mit den Apfelbäumen, das ihre Mutter letztes Jahr gekauft hat, dann zeigt sie mir die zerschossenen Häuser, dann verbringen wir ein paar Tage am Meer, bis unsere Haut nach Salz schmeckt und bröckelt, zu Schutt wird in der Sonne.

[...]

An manchen Tagen vergleiche ich Jelena mit der Sandkiste, in der ich die paar Wochen nach Tschernobyl nicht spielen durfte. Und ich glaube, langsam verstehe ich ihre Theorie, dass man sich zu ähnlich beschädigten Menschen hingezogen fühlt, dass man in der Bar, im Club nicht nach attraktiven Menschen, sondern in erster Linie nach Menschen mit Kratzern, Sprüngen und Rissen sucht, nach Menschen, deren Beschädigungsgrad ungefähr dem eigenen entspricht.

Und ich weiß, seit Jelena im Wikipedia-Eintrag zu »Streichelzoo« gelesen hat, dass dort ausschließlich Tiere gehalten werden, die robust und ruhig genug sind, um gestreichelt und gefüttert zu werden, die den Kontakt zu Menschen suchen oder ihn zumindest nicht scheuen, wenig aggressives Verhalten zeigen und in der Regel keine schweren Verletzungen zufügen können, ist sie fest davon überzeugt, dass das das ideale Beziehungsmodell für uns ist.

[...]

Wenn ich Jelena treffe, trinkt sie entweder keinen Schluck Alkohol oder so viel, dass sie kaum noch sprechen kann, dann rutschen ihr kroatische Wörter in die deutschen Sätze hinein. Ihr Lieblingsspiel, erzählt sie mir, dieses Mal ganz nüchtern, war lange Zeit HUNGRY HUNGRY HIPPOS, sie selbst hat es zwar nie besessen, aber die Nachbarskinder, bei denen sie oft den ganzen Nachmittag verbracht hat. Endlich ein Spiel, sagt sie, das gleichzeitig Essstörungen und Dating mit über dreißig realistisch darstellt. Ich denke an das Lieblingsspielzeug meiner Kindheit, den Piraten im Fass, den man so lange mit Messern penetriert, bis er von einem lauten Schnappgeräusch begleitet aus seinem Fass springt. Und mir fällt ein, dass ich den Wecker stellen muss, dass morgen Montag ist.

Jelena zieht sich aus, sie will noch duschen. Ich setze mich auf den Klodeckel und sehe dem Wasser dabei zu, wie es von Jelenas Haut abprallt, wegspringt. Ihr Rücken: eine Mondlandschaft. Nicht alle Kratzer, nicht alle Krater sind von mir. Ich glaube, sie hat schon wieder abgenommen.

[…]

Mir ist ein Stück meines Backenzahns rausgebrochen. Ich vermute, Jelena hat es verschluckt. Ich war noch immer nicht beim Zahnarzt, kann mich nicht erinnern, wann genau ich zum Angstpatienten geworden bin.

Wir bestellen Pizza, wir drehen den Fernseher auf: Ein Magier zersägt seine Assistentin in zwei Hälften, Jelena verdreht die Augen, wechselt den Sender. Später sitzen wir auf ihrem kleinen Balkon, blicken hinauf in den Nachthimmel, ich bin mir nie sicher, ob der Mond von heute der Mond von gestern ist, der Mond von morgen sein wird, bin mir nie sicher, ob er voll ist oder halb, es ist vielleicht auch eine Frage der Perspektive, sagt Jelena und nimmt meine Hand, und ich weiß nicht: habe ich sie jetzt ganz oder halb, aber es ist vielleicht nur eine Frage der Perspektive, denke ich und drücke fester zu.

Seit ich Jelena kenne, arbeite ich an einem Zaubertrick, will einen Mond (welchen genau, weiß ich noch nicht, aber ich weiß, Jelena ist nicht wählerisch, wenn es um Monde geht) hinter ihrem Ohr hervorzaubern, als wäre er schon immer dort gewesen: als seltsam vertrauter Fremdkörper in ihrer Umlaufbahn.

Wir trinken aus, legen uns ins Bett. Ich versuche nicht darüber nachzudenken, wie oft Jelena ihre Bettwäsche wechselt, schiebe meine Hand unter ihr T-Shirt und suche nach einer geeigneten Landestelle.

[...]

Ich habe aufgehört, Jelena zu fotografieren. Weil jedes Foto, das ich von ihr mache, jedes Foto von ihr am Strand, an der Bar, in den Weinbergen, irgendwann auf Tinder landet, wo sie dann darauf wartet, dass ich mich auch anmelde, dass ich ihr Profil finde und meine Fotos, sie am Strand, an der Bar, in den Weinbergen, dass ich ihr schreibe, um sie kämpfe, sie zurückerobere, und eigentlich müsste ich ihr einfach nur gestehen, dass ich in meinem ganzen Leben noch nie gekämpft und nichts und niemanden erobert habe, dass meine antikapitalistische Einstellung mir jegliche Besitzansprüche verbietet, auch auf emotionaler Ebene. Ich müsste ihr nur gestehen, dass ich auch ohne Dating-App weiß, wie viele Kilometer zwischen uns liegen. Im Zweifelsfall runde ich einfach auf.

Jelena sagt, die Menschen finden einen anderen Menschen und es passt halbwegs, sie denken sich: CLOSE ENOUGH und heiraten, dann bauen sie oder erben ein Haus, nicht ganz dort, wo sie leben wollten, aber CLOSE ENOUGH, und bekommen Kinder, auch nicht wirklich das, was sie sich vorgestellt haben, so ein Leben zu dritt und dann zu viert, aber CLOSE ENOUGH, und irgendwann sterben sie, und zum Begräbnis kommen fast alle Menschen, denen sie wichtig waren. Ich höre ihr zu, ich bin mir sicher: Da ist nichts in Jelena, das mich braucht, nichts, das vorhat mich zu behalten.

Am Donaukanal hat jemand LEAVE THE WALLS ALONE quer über das andere Graffiti gesprayt, ich drücke Jelena gegen die bunte Farbe des Schriftzugs, meine linke Hand in ihrer Hose, meine rechte Hand an ihrem Hals, ich weiß: Sie wartet auf ein Zudrücken, auf ein paar Sekunden ohne Luftzufuhr, darauf, sich noch einmal zu verlieben in mich und meine Fingerabdrücke, OB DAS JETZT LIEBE IST, will ich schreien, mit der Zunge in Jelenas Mund.

[...]

Ein paar Wochen später sitze ich in einer Bar, ich bestelle ein Bier und ein zweites, ein drittes, mein Blick fällt auf das Notausgangsschild, ich könnte nicht sagen, wann ich das letzte Mal die Escapetaste auf meiner Tastatur betätigt habe, ich frage mich, ob sie überhaupt noch eine Funktion erfüllt, kann mir vorstellen, dass man diese über die Jahre auf andere Tasten und Tastenkombinationen verteilt hat, dass es vielleicht noch niemandem aufgefallen ist, dass die Escapetaste keinen Zweck mehr erfüllt, nur mehr als Platzhalter dient. Vielleicht gibt es irgendwo ein Museum mit aus Tastaturen rausgebrochenen Escapetasten.

Ich zahle meine Getränke, ich erinnere mich: Jelena und ich (wir haben uns vielleicht ein halbes Jahr gekannt) in genau dieser Bar, und sie hat mich das erste Mal mit zu sich nachhause genommen, hat mir die wenigen Kinderfotos gezeigt, die die Eltern von ihr gemacht haben (die anderen Personen darauf zum Teil verschwunden, verloren gegangen, das Davor und das Danach nicht mehr eindeutig rekonstruierbar), und wir haben einen alten Schulatlas gesucht, und Jelena ist mit ihrem Finger die Kilometer nachgefahren, von Wien bis zu ihrem Heimatdorf, eine ganz kurze Strecke nur, so ist es mir vorgekommen, und ihr Finger ist mühelos über die mit dicken schwarzen Strichen markierten Grenzen gerutscht. Am schlimmsten, hat sie gesagt, ist das Weggehen, das man nicht bemerkt. Die Orte, an die man nicht zurückkehren kann, weil es die Menschen nicht mehr gibt.

Es ist spät geworden, ich rufe sie an, auf meinem Display steht »calling home«, frage sie, ob sie schon geschlafen hat, ob ich noch zu ihr kommen kann. Fahre mit dem Lift in den fünften Stock und lege mich zu ihr ins Bett. Sie fragt, was ich schon wieder hier mache. Als ich ihr erklären will, wo ich die letzten Wochen gewesen bin, dreht sie das Licht ab.

Sobald ich eingeschlafen bin, erzählt mir Jelena vom Krieg.

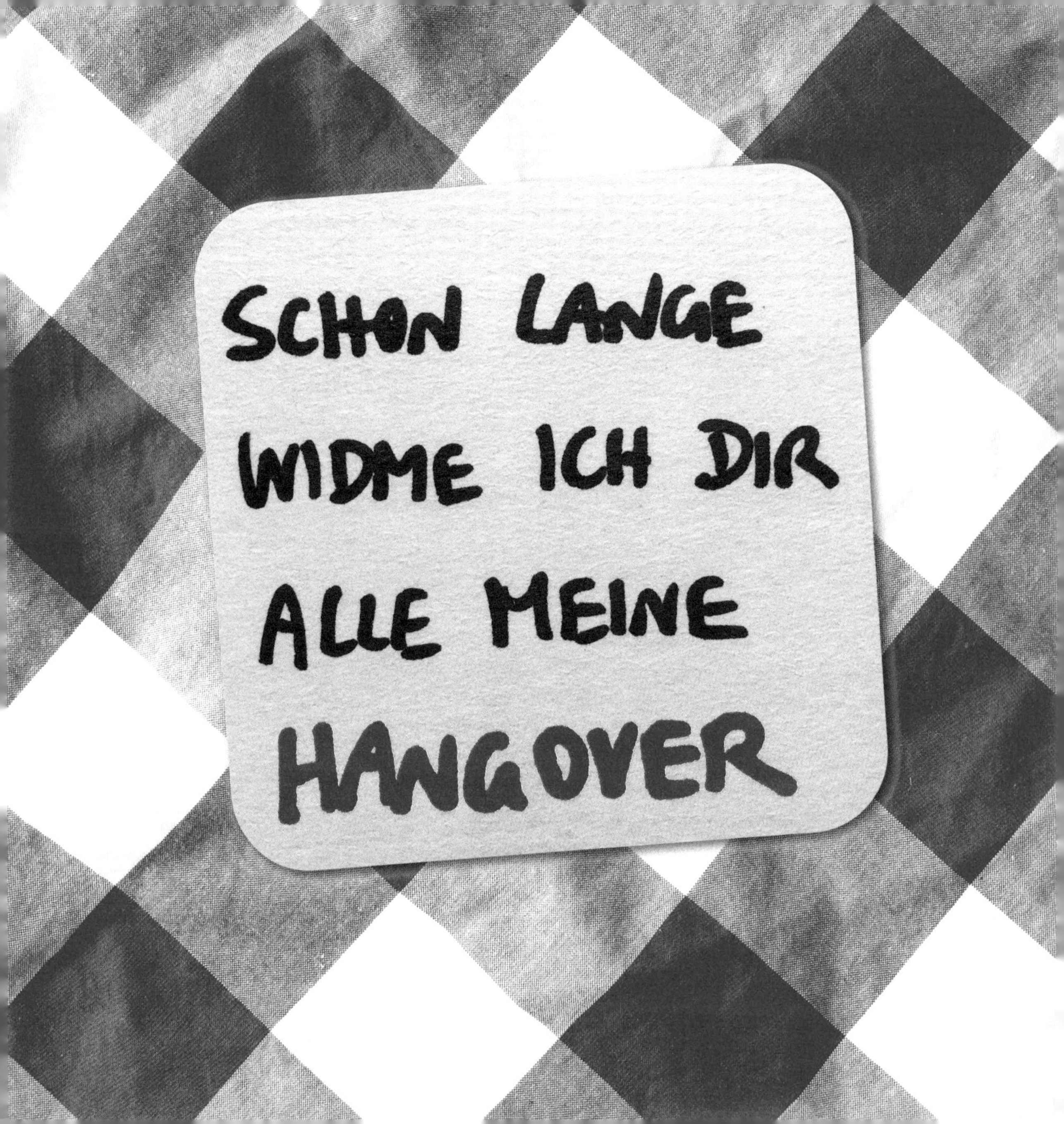
SCHON LANGE
WIDME ICH DIR
ALLE MEINE
HANGOVER

Wir spielen: Das ist kein Spiel

Erste These: *Der Begriff Spiel als solcher ist höherer Ordnung als der des Ernstes. Denn Ernst sucht Spiel auszuschließen, Spiel jedoch kann sehr wohl den Ernst in sich einbeschließen.*

Wir sind acht

Wir spielen UNO, wir lernen, dass es schlecht ist, viele Karten, dass es gut ist, nur eine Karte in der Hand zu haben. Und dass wir gewinnen, wenn wir auch diese losgeworden sind. Wir glauben noch daran, dass es den einen, die eine geben kann: THE ONE. Sobald die Partie vorbei ist und wir die Minuspunkte aufgeschrieben haben, werden alle Karten wieder gemischt, und es geht von vorne los. Ohne es zu merken, werden wir auf serielle Monogamie vorbereitet.

Wir sind sechs

Wir spielen MENSCH ÄRGERE DICH NICHT, wir würfeln, wir ziehen, wir bringen unsere Figuren in Sicherheit. Manchmal, viel zu oft, werden wir geschlagen, dann heißt es: zurück an den Start, dann ärgern wir uns doch und lernen, dass man Namen nicht vertrauen kann.

Wir sind neun

Wir spielen MONOPOLY, wir sehen, wie die reichen Spieler immer reicher werden und alle anderen am Tisch immer ärmer, wir lernen, wie sich Kapitalismus anfühlt und dass das wenige Geld, das wir jedes Mal am Start bekommen, eine Art Mindestsicherung, nicht einmal für das billigste Hotel reicht. Wenn wir die bunten Scheine gegen das Licht halten, werden sie durchsichtig. Wir vergleichen sie mit echten Geldscheinen, das Papier fühlt sich zum Verwechseln ähnlich an. Der Unterschied ist nur ein erfundener.

Wir sind siebzehn

Wir spielen HUNGRY HUNGRY HIPPOS. Wir lassen die Nilpferde essen, so viel sie wollen, und zählen die Kalorien ausnahmsweise nicht. Wir lernen, wie man sich möglichst leise, fast geräuschlos übergibt und nur so lange auf der Toilette bleibt, dass niemand Verdacht schöpft. Wir bekommen Komplimente, weil wir in immer engere Hosen passen. Dafür, dass wir möglichst wenig Platz einnehmen.

Wir sind zehn

Wir spielen VERSTECKEN, wir lernen, was es heißt, gefunden werden zu wollen, wie es sich anfühlt, ein paar Minuten zu verschwinden und ein paar Sekunden lang die Luft anzuhalten, wenn die Suchenden näherkommen. Erst viel später finden wir heraus, dass es einen Radiohead-Song gibt über das Verstecken, *I'm not here, this isn't happening*, und wir machen die Erfahrung, dass es Tage gibt, an denen wir nicht gefunden werden wollen, und andere, an denen wir nicht gefunden werden können, egal wie oft die anderen, wie oft wir bis hundert zählen, die Suche wird abgebrochen und wir: bleiben verschwunden.

Wir sind vierzehn

Wir spielen SCHERE, STEIN, PAPIER, du wickelst deine Hand um meine Faust, ich schneide mit zwei Fingern in deine Handfläche, du stößt mit deinen Knöcheln gegen meine Fingerspitzen. Niemand bringt uns bei, wie wir uns berühren können, ohne dass jemand verliert.

Wir sind elf

Wir spielen DAS VERRÜCKTE LABYRINTH, wir lernen, dass es okay ist, auf ein Feld zu ziehen, auf dem bereits eine andere Figur steht. Später dann verstehen wir den Unterschied zwischen »Grund« und »Hindernis«. Und träumen davon, einmal eine Wand zu durchschreiten.

Wir sind sieben

Wir spielen WER HAT ANGST VORM SCHWARZEN MANN, wir behaupten: niemand, aber laufen trotzdem davon. Später dann werden wir die Erfahrung machen, dass man mit diesem Spiel Wahlen gewinnen kann, dass Angst vor Fremden ein Slogan ist, der auf jedes Wahlplakat passt. Dass sich diese Angst problemlos und ganz selbstverständlich in die Wahlkabinen hineinzwängt und dort ihre Stimme abgibt.

Zweite These: *Das Spiel ist ein Kampf um etwas oder eine Darstellung von etwas.*

Wir sind dreizehn

Wir spielen FLASCHENDREHEN. In der Flasche, die in unserer Mitte am Parkettboden rotiert, könnte auch einfach nur unser Speichel abgefüllt sein, und wenn wir drankommen, trinken wir einen Schluck daraus, es würde keinen Unterschied machen. Wir lernen, wie austauschbar, wie zufällig unsere Gefühle sind. Dass ein Kuss kein Vertrag ist und Küssen auch nur eine Form von Hunger. Ein weiteres Symptom für zukünftige Diagnosen.

Wir sind zwölf

Wir spielen WAHRHEIT ODER PFLICHT. Wir lernen erst viel später, dass wir rein statistisch bis zu 200-mal am Tag lügen. Dass man spätestens seit der Postmoderne nur mehr von Wahrheiten spricht. Und dass Pflicht viel mit Schuld zu tun hat. Mit einem Defizit.

Wir sind fünfzehn

Wir spielen KISS, MARRY, KILL. Später, als unsere Freunde heiraten und wir ihnen dabei zusehen, wie sie mit einem scharfen Messer in die Hochzeitstorte schneiden, lernen wir, wie ein glücklicher Tag dekoriert sein muss. Der Hochzeitsfotograf schleppt alle denkbaren Objektive mit sich herum, drückt immer wieder ab. Er ist ein Jäger auf der Suche nach dem perfekten Moment. Niemand bucht ihn für die Scheidungen.

Wir sind sechzehn

Wir spielen TRINKSPIELE, wir sind sehr einfallsreich, wenn es ums Trinken geht, wir würfeln, wir bluffen, wir fliegen auf, wir trinken, wir würfeln, wir bluffen immer schlechter, trinken, auch wenn wir nicht müssten, auch dann, wenn wir gewinnen, nehmen wir einen großen Schluck. Fast jeder findet, fast jeder kotzt später dann in seinen eigenen Schlafsack. Wir lernen, unsere Grenzen zu ignorieren. Die Stimme zu überhören, die sagt, es ist genug. Wir lernen: In Österreich gibt es keine Menschen mit Alkoholproblemen. In Österreich gibt es nur Menschen, die Spaß verstehen, und Menschen, die keinen Spaß verstehen.

Wir sind neun

Wir spielen RÄUBER UND GENDARM. Zum Geburtstag wünschen wir uns Handschellen. Wir lernen, dass es viel mit Vertrauen zu tun hat, wenn wir uns verhaften, wenn wir uns fesseln lassen. Welche Spuren wir herzeigen können am nächsten Tag und bei welchen wir lieber Longsleeve tragen sollten.

Wir sind sechs

Wir spielen VATER, MUTTER, KIND. Die Mutter schimpft mit dem Vater, weil er so spät von der Arbeit nachhause kommt und das Essen kalt geworden ist. Der Vater lässt das Kind fallen und fährt lieber Rennen mit dem Kinderwagen. Wir lernen, dass es Rollen gibt und wie sie verteilt sind. Wir lernen mitzuspielen.

Wir sind acht

Wir spielen DOKTORSPIELE. Es gibt unausgesprochene Regeln, wohin wir das Stethoskop halten dürfen und wohin nicht, wohin das Fieberthermometer stecken und wohin nicht, wohin die Injektion spritzen und wohin nicht. Wir lernen, wie viel wir ausziehen müssen, damit wir untersucht werden können, und wie sich verschiedene Materialen auf nackter Haut anfühlen. Wir verschreiben uns gegenseitig bunte Süßigkeiten als Tabletten, wir halten uns nicht an die empfohlene Dosierung, wir schlucken sie vorm Schlafengehen, so wie wir heute die Schmerzmittel schlucken, damit der Kater am nächsten Tag halbwegs erträglich ist.

Wir sind vierzehn

Wir spielen STADT, LAND, FLUSS. Wir streiten, ob St. Pölten eine Stadt ist, ob der Donaukanal als Fluss gilt. Es gibt immer jemanden, der bei »Land« einfach »Afrika« hinschreibt, der uns erklärt, warum er trotzdem Punkte bekommen sollte dafür.

Dritte These: *Die Regeln eines Spiels sind unbedingt bindend und dulden keinen Zweifel.*

Wir sind sieben

Wir spielen FANGEN. Wir lernen, wie schnell man laufen muss, damit man nicht erwischt wird, wie man sich den Atem gut einteilt und wie man Haken schlägt. Wie wichtig es ist, zu wissen, von wem man sich gerne fangen lässt und von wem besser nicht. Weil es sicher einen Onkel gibt, der uns zu fest hält und viel zu lange.

Wir sind elf

Wir spielen DOKTOR BIBBER. Wir operieren ohne Narkose und mit ungewaschenen Händen, nehmen ganze Organe raus, ohne zu wissen, wo sie später dann wieder hingehören. Wir lernen nicht, wie man andere Menschen wieder zunäht.

Wir sind sechzehn

Wir spielen SCHNAPSEN, wir knallen die Karten auf den Tisch, zeigen den Herzkönig gemeinsam mit der Herzdame, vergessen zwischendurch, was Atout ist, wir nehmen jeden Stich, den wir kriegen können, wir sagen »Danke genug«, wenn wir gewonnen haben. Wir lernen die Regeln von unseren Vätern, sie bringen uns bei, wie man Karten zählt und wann man am besten zudreht. Sie bleiben trotzdem unbesiegbar. Bis sie tot sind und die Spielkarten immer tiefer in der Schublade verschwinden. Wir lernen, dass der Tod ein Bummerl ist, nach dem die Karten nicht mehr gemischt werden.

Wir sind zwölf

Wir spielen SIMCITY. Wir lernen, dass Kohlekraftwerke günstiger sind als Wasserkraftwerke. Am wenigsten rentieren sich Windräder. Wenn uns fad wird, lassen wir einen Hurricane auf die Stadt los oder Godzilla. Und sehen dem Feuer dabei zu, wie es sich ungehindert ausbreiten kann, weil wir kein Geld für Feuerwehrstationen ausgeben wollten.

Wir sind zehn

Wir spielen PLAYMOBIL. Wir haben einen Saloon, ein Sheriff's Office und eine Goldmine. Die guten Cowboys kämpfen gegen die bösen Indianer, obwohl die Figuren beider Seiten das genau gleiche Lächeln aufgemalt haben. Weil wir nicht wissen, was wir mit den Playmobil-Frauen machen sollen und mit den Kindern, stellen wir eine der Postkutschen in die Ecke unseres Zimmers und lassen sie dort leben.

Wir sind dreizehn

Wir spielen TETRIS. Wir glauben jetzt zu wissen, wie Russland klingt. Wir lernen, dass es Blöcke gibt, die fast immer passen, und Blöcke, die so gut wie nie passen. Wir behaupten gern, dass wir uns nicht verbiegen lassen, nicht von unseren Eltern, nicht von der Schule, nicht von unseren Freundinnen und Freunden. Auf Partys aber wären wir gerne der gerade Vierer-Block, auf den alle warten, der fast überall hineinpasst.

Wir sind siebzehn

Wir spielen Egoshooter, unsere Kill/Death-Ratio zeigt uns an, wie gut wir töten können und wie oft wir sterben. Aber egal wie viele Leben wir verlieren, unser Avatar erscheint nach wenigen Sekunden wieder auf dem Bildschirm, und wir stürzen uns ins nächste Gefecht, unsere Kill/Death-Ratio steigt, sie sinkt. Wir wissen nicht, wie gut uns diese Spiele auf die Arbeitswelt vorbereiten. Auf das tägliche Stellen, das tägliche Läuten des Weckers. Und darauf, was es machen wird mit uns.

Wir sind fünfzehn

Wir spielen DAS SPIEL DES LEBENS, wir drehen am Rad, fahren mit unseren bunten Autos die entsprechende Anzahl Felder weiter, lernen, dass wir unseren Beruf nicht selbst aussuchen können und ob wir heiraten oder wie viele Kinder wir bekommen, wir lernen, dass das Leben aus Geld besteht, dem Geld, das man einnimmt, und dem Geld, das man ausgibt, dass man Glück hat, wenn man reich erbt, und Pech, wenn einem das Haus abbrennt und man keine Versicherung abgeschlossen hat. Wir verfolgen alle dasselbe Ziel: zuerst die Kinder loswerden und dann einziehen in eine herrschaftliche Villa, in der wir wohnen, bis das Rad stillsteht.

Fazit: *Der Drang, sich als Erster zu erweisen, äußert sich in so vielen Formen, wie die Gesellschaft Möglichkeiten dafür bietet.*

BIN MIT MITTE
DREISSIG VIELLEICHT
EIN SCHROTTPLATZ
GEWORDEN

Blinde Passagiere

(1) DURCH GLAS GEHEN

Es war der zweite, vielleicht der dritte gemeinsame Sommer, ich auf dem Weg zu meinen zwei besten Freunden, wir wollen grillen, und ich will ihnen endlich von dir erzählen. Die beiden sind schon beim zweiten, vielleicht beim dritten Bier, und ich spüre: eine ganz schiefe Stimmung, als würden da noch mehr Menschen irgendwo versteckt warten, im Haus, in der Hecke, hinter den Straßenlaternen, aber da ist niemand, wir sind nur zu dritt, und ich setze mich zu ihnen, bekomme ein Bier in die Hand gedrückt, wir stoßen an, und sie erzählen mir, ich weiß nicht mehr wer zuerst, vielleicht auch gleichzeitig, dass sie herausgefunden haben, dass ihre Frauen sie betrügen, der eine will sich scheiden lassen, der andere es noch einmal probieren, und ich sitze ihnen gegenüber, das Bier wird viel zu schnell leer, das Etikett schon runtergekratzt, Teile davon unter meinen Fingernägeln, und ich fühle mich wie ein dreifacher Betrüger. Ich erzähle ihnen in dieser Nacht nicht von dir, wie auch, aber später rufe ich dich an und sage dir am Telefon: Du wirst nicht glauben, was hier los ist, was hier gerade passiert.

(du: warst ein Fenster, und ich: wollte wissen, wie es sich anfühlt, durch Glas zu gehen)

Ich weiß, du erzählst gerne, dass wir uns auf einem Steg kennengelernt haben, deiner Tochter, dass ich Stegbauer bin, dass ich schon in fast jeden See Österreichs einen Steg hineinverlegt habe, dass die meisten Stege rund um den Wörthersee von mir sind, dass mir das aber irgendwann zu langweilig geworden ist, und jetzt, erzählst du ihr, schreibe ich Texte für Glückskeks-Hersteller, dass das oft meine Sätze sind auf den winzigen weißen Papierstreifen, und du immer ganz genau weißt, ob das ein Spruch von mir ist oder von irgendjemand anderem. Du sagst, sie glaubt dir circa jedes zweite Mal.

(dein Spinnennetz hat sich in meinem Spinnennetz verfangen und jetzt entgeht uns fette Beute)

Als Kind hast du dir vorgestellt, dass im Schilf eine zweite Welt existiert, eine Welt, in der Fantasiewesen leben, hast auch nicht verstanden, warum deine Eltern besorgt waren, wenn du davon gesprochen hast, ins Wasser zu gehen. Jetzt mit fast vierzig stellst du dir vor, dass wir im Schilf verbergen, was wir verbrochen haben, dass wir die Verletzungen, die wir zugefügt haben, im seichten Wasser versenken, unsere Lügen, unser Fremdgehen.

(wie wir alle nur so halb glücklich, halb tot, halb erigiert, halb feucht durch die Zeit stolpern, als hätten wir ein zweites, ein drittes Leben)

(2) RADIOAKTIVES MATERIAL

Manchmal nenne ich dich TROPHY WIFE, und du nennst mich TROPHY HUSBAND, weil wir uns gerne in einer Vitrine präsentieren würden, ich dich und du mich, mit Spotlights und allem Drum und Dran, NUR SCHAUEN, NICHT ANGREIFEN, aber dann fällt mir ein, dass du schon verheiratet bist, dass du schon ein fertig eingerichtetes Haus, ein fertig eingerichtetes Leben hast, und dir fällt ein, wie schwer es ist, mich in eine Kirche zu bekommen, dass wir es immer nur gemeinsam auf Friedhöfe geschafft haben, du höchstens meine Trauzeugin sein wirst, irgendwann. Die passende Rede hast du schon geschrieben, nur die Namen hast du ausgetauscht, immer wieder.

(wir bereiten unsere Nerven auf etwas vor, das schon passiert ist: ein Tod zum Beispiel, eine Trennung)

Du erzählst mir von den Männern, die dich begehren, mit denen du eng tanzt, die mit dir schlafen wollen, du spielst mit ihnen, aber ich, sagst du, ich bin dein UNO, immer wieder sagst du UNO zu mir, egal wie sehr ich mich auch dagegen wehre, mit ihnen aber spielst du ein Spiel, dessen Regeln du nicht kennst und auch nicht lernen willst, dann rufst du mich an am nächsten Tag und willst beichten. Ich soll dir sagen, dass du ein Trottel bist, dann behauptest du: dass das alles meine Schuld ist.

(ich will dich küssen, dich festhalten, dich beerdigen: wie radioaktives Material, vielleicht)

Warum wir uns auf Flohmärkten wohlfühlen: Weil wir dort umgeben sind von Sachen, die niemand mehr braucht, defekte Uhren, angeschlagene Blumenvasen, ausgemusterte Vorhänge, unvollständige 1000-Teile-Puzzle. Weil die meisten der Gegenstände ein Preisschild haben, einen verhandelbaren Wert. Weil wir immer auf der Suche nach einem Schnäppchen sind.

(wir: zwei Punkte auf einer Landkarte, man muss schon genauer hinschauen, um zu erkennen, ob wir ein Druckfehler sind oder eine Ortschaft)

(3) KATASTROPHENSCHUTZÜBUNG

Du sagst, dass dich mein Beziehungsverhalten, mein Dating-Verhalten, mein Verhalten generell an die Kindersendung *1, 2 oder 3* erinnert, an das Herumgehüpfe der Kinder vor den drei Türen mit den Antwortmöglichkeiten, dass ich mich genauso wenig festlegen, das ODER immer durch ein UND ersetzen möchte: 1, 2 und 3, dass für mich kein Licht angeht, auch wenn ich richtig stehe, alle drei Türen bleiben dunkel, und ich packe eine Taschenlampe aus und suche nach einem vierten Ausgang.

(ich soll deinen Namen verschonen, sagst du, ich soll irgendeinen anderen verwenden, dich unter diesem neuen Namen im Handy einspeichern, dich von jetzt an mit diesem Namen ansprechen, nur mehr mit ihm von dir erzählen, ich soll wenigstens deinen Namen verschonen, sagst du)

Als ich dir erzähle, dass ich jemanden kennengelernt habe, dass wir uns gut unterhalten und Nummern ausgetauscht haben, hast du wenige Minuten später ihr Instagram-Profil gefunden und schreibst mir: guter Busen, schickst mir ein Daumen-hoch-Emoji und meldest dich die nächsten drei Tage nicht. Du kennst mich, du weißt, wie das mit den Frauen weitergeht, mit denen ich mich gut unterhalte. Aus irgendeinem Grund haben dich die Körbchengrößen meiner Ex-Freundinnen immer am meisten interessiert, ihre Körbchengrößen und die Anzahl der Buchstaben und Silben ihrer Vornamen.

(du bist so leise: du bist vielleicht schon ein anderer Tag)

Du sagst, das sind keine Besitzansprüche, wenn es um mich geht, wirst du zur Besatzungsmacht. Und Zeit, Zeit ist ein Auftragskiller, den irgendwer auf uns angesetzt hat. Du hast nachgezählt, wie oft du mich schon verloren hast: 23 Mal AND COUNTING, dass ich nur eine mittlere Katastrophe bin, sagst du. Es hätte auch schlimmer kommen können.

(unsere Liebe: besteht aus einem Fünftel Wodka, wir sind eine gute Mischung, finden wir)

(4) FAMILIENPORTRÄT

Deine Kindheit, sagst du, ist schlecht dokumentiert, es gibt nur sieben Fotos von dir, alle am selben Tag aufgenommen. Nur auf einem der Bilder bist du alleine drauf, und ausgerechnet das ist verschwommen, und vielleicht schickst du mir deshalb so viele Fotos von deiner Tochter und Videos, damit zumindest deine Familie gut dokumentiert ist, und obwohl du auf keinem der Fotos, auf keinem der Videos drauf bist, sehe ich dich: deine Kameraführung, den Ausschnitt, den du gewählt hast, den Moment, in dem du den Auslöser betätigst. Auf jedem Bild, in jedem noch so kurzen Video erkenne ich dich und deine Versuche, ein Erinnerungsalbum zu basteln, das dir immer fehlen wird.

(ich bin und bleibe: der blinde Passagier in deinem Leben)

Manchmal stelle ich mir vor, wie es wäre, dich und deinen Mann und deine Tochter zu besuchen, ich bringe die Kinderärztin oder die Chemikerin oder die Drehbuchautorin mit und wir grillen, dein Mann und ich mit einer Flasche Bier in der Hand, er wendet das Fleisch, die Zucchinischeiben sind schon ein wenig verbrannt, aber ich sage nichts, und deine Tochter deckt den Tisch, während du der Kinderärztin, der Chemikerin, der Drehbuchautorin den Garten zeigst, wie groß die Gurken dieses Jahr geworden sind, wie schön buschig die Karotten. Und ich stelle mir vor, wie mein Bier leer wird, aber dein Mann hat von seinem kaum getrunken, da fehlt fast nichts.

(wir bauen, wir zerlegen: eine Spielzeugversion von dem Leben, das wir hätten haben können)

Und ich weiß, dass du dir manchmal vorstellst, meine Mutter kennenzulernen, um ihr zu sagen, dass du da bist, dass du auch bleiben wirst, dass sie sich keine Sorgen machen muss um mich, weil ich dich habe und du mich behalten wirst. Und ich weiß, in dieser Vorstellung sitze ich neben euch, ganz dicht neben dir und meine Hand unterm Tisch in deiner Hand, und du ziehst sie langsam zwischen deine Schenkel.

(wenn meine Freunde fragen, wie es mir geht, lasse ich immer wieder Stellen aus, in die du nachträglich hineinpasst, in die ich dich rückwirkend hineinerzählen kann: ein lückenloses WIR)

(5) IM SCHILF

Als mein Zug einfährt, wartest du schon am Bahnsteig. Ich schmecke die Zigarette, die du wartend geraucht hast, folge dir auf den Parkplatz, setze mich zu dir ins Auto, auf der Rückbank der Kindersitz, ein paar Bilderbücher und Spielsachen, wir halten am Straßenrand, blicken hinab auf die Weinberge links und rechts von uns, und es sieht nach Regen aus. Der Wind verschiebt das Licht über unseren Köpfen, blättert in dem Gedichtband, den du mir mitgebracht hast, schlägt eine Seite auf, *Garagen sind Museen der Verbrechen, die nicht begangen wurden*, und es fällt ein erster Tropfen.

(nie bin ich mir sicher, wird das ein Zaubertrick oder wird das eine Operation, wenn du sagst: ich soll mich überraschen lassen)

Als es zu regnen aufhört, fahren wir an den See, die Boote klimpern im Wind, wir schauen einem der Segler bei einem umständlichen Wendemanöver zu, vielleicht ist es auch ein missglückter Anlegeversuch, wir sind uns nicht ganz sicher, wir gehen weiter, neben uns das Schilf, es ist unmöglich zu erkennen, wo der feste Boden aufhört und wo der See beginnt.

(es ist zu spät, um herauszufinden, in welchem Stück wir mitspielen, wir haben uns verkleidet, vielleicht richtig, vielleicht falsch, wir haben Text vorbereitet, vielleicht den richtigen, vielleicht den falschen, wir spielen und spielen, wir warten: auf den Applaus)

Auf dem Weg zum Bahnhof bleibst du noch einmal stehen, wir haben Sex im Auto, du nimmst deine Uhr ab, nicht aber den Ehering. Mundraub, habe ich gelesen, ist nicht strafbar, also hole ich, während du deine Hose wieder anziehst, ein paar Weintrauben von den Rebstöcken, die uns von der Straße abschirmen, und lege sie dir aufs Armaturenbrett. In der Ferne hören wir Schüsse, wahrscheinlich, um die Vögel zu verscheuchen, wir aber sind uns sicher: Sie gelten ausschließlich uns.

(weil ich nicht weiß, wohin mit meinen Händen, wenn du nicht bei mir bist, dann fange ich an zu stehlen: alles nur Erdenkliche aus Restaurants und Bars und Supermärkten, weil ich weiß: du wartest auf mich im Fluchtfahrzeug)

(6) SERVE ME THE SKY

Wir haben Angst: vor der politischen Entwicklung in Österreich, vor der nächsten Wahl. Wir haben Angst, das heißt: Ich denke wieder öfter an Selbstmord, und du hättest gerne ein zweites Kind, dieses Mal von mir. Deine kaputten Zähne und meine kaputten Zähne, der Krebs in deiner Familie, die Demenz in meiner Familie. Was wohl passiert, wenn wir deine Gene und meine Gene in den Mixer geben, schütteln, rühren, mit Eis und Zitrone, mit Schirmchen und Strohhalm servieren?

(du sagst, wenn es nur einen Rohrreiniger gäbe für mich, für dich, für das, was wir da LIEBE nennen, was eigentlich eine Verstopfung ist)

Ich weiß nicht, wieso, aber Frauen mit Kinderwägen machen mich nervös, wenn sie in die U-Bahn einsteigen, stelle ich mich woandershin oder wechsle das Abteil. Ich weiß, es ist reine Projektion und es hat nichts mit den Frauen oder mit ihren Kindern zu tun. Dann denke ich an das Foto, das ich dir von meiner Mutter geschickt habe, sie mit einem Kinderwagen in unserer Einfahrt: QUEEN OF HER SIEDLUNG habe ich dir geschrieben, ich als Dreijähriger stehe dicht neben ihr, meine Schwester im Wagen: das unsichtbare Kind auf diesem Foto.

(unsere alten Ichs, die wir wie Bücher in die Regale stellen, in denen wir manchmal noch blättern, und dann wundern wir uns, wer da so viele Sätze unterstrichen hat in diesen OUT OF PRINT Versionen von uns)

Du erzählst mir von eurem Besuch in Minimundus, von ihren wackelnden Milchzähnen, die nach und nach ausfallen, welche Geschichten du ihr vorlesen musst, damit sie in den letzten Sommernächten einschlafen kann, von deiner Angst vor ihrem ersten Schultag. Was ich deiner Tochter beibringen kann: wie man Kartenhäuser baut und Sandburgen, wie man Bierflaschen mit dem Feuerzeug, mit Tischkanten aufmacht, wie man eine Kerze mit bloßen Fingern löscht, sich nur ganz leicht verbrennt dabei, wie man Prozente und Wahrscheinlichkeiten berechnet, wie man schummelt, wie man Nein sagt (zum Beispiel, wenn jemand UNO spielen möchte), wie man am besten auf Heiratsanträge reagiert. Wie man Geschichten erzählt, deren Ende man nicht kennt.

(vielleicht sind wir nur ein Pyramidenspiel, eine Kryptowährung, die morgen schon nichts mehr wert sein wird, vielleicht sind wir nicht mehr als die feuchten Ränder, die unsere Bierflaschen hinterlassen)

(7) RITUALE

Teile von mir, die bleiben dürfen, und Teile von mir, die auf keinen Fall, du fragst, ob es sein kann, neun Monate sind eine lange, sind genug Zeit, um ein Leben auf den Kopf, ein Leben in Steißlage zu bringen, ich sage: unmöglich, ALLES SAFE. Sobald du weg bist, gehe ich duschen, dann trockne ich mich mit dem Handtuch ab, das du gerade noch benutzt hast, und ich denke, das ist, was von dir bleibt: ein wenig Restfeuchtigkeit, ein paar abgestoßene Hautpartikel in den Fasern. Ein Haar von dir am Waschbeckenrand.

(warum ich immer drei bis fünf Frauen gleichzeitig brauche: damit mein Display nie leer ist, damit ich immer einen Körper finde, in den ich meinen Körper hineinschieben, in dem ich meinen Körper verstecken kann)

Ich lege meinen Kopf auf deinen Bauch, als könnte ich auf diese Weise feststellen, ob du schwanger bist, denke an die Szene aus *Alien*, stelle mir das ungeborene Kind vor, wie es deine Gebärmutter zerfetzt und deine Bauchwand durchstößt, dich aufreißt und mich anspringt, aber kurz, bevor es mir die Augen auskratzen kann, wird es von der Nabelschnur zurückgehalten. Ich liege auf deinem Bauch, nichts passiert, kein Blut und auch kein Alien, also lausche ich weiter, ob da ein zweites Herz schlägt, ein Herz, das nicht mir gehört.

(dass wir uns vor den Menschen, die wir am meisten lieben, auch immer am meisten fürchten, dass wir sie zu Monstern machen und im nächstbesten See leben lassen)

Wenn ich dich küsse, dann ist das immer auch ein Ausweichmanöver, meine Angst vor einer nicht näher definierten Falle, ganz sicher vor deinen Zähnen, eine Erinnerung daran, dass wir sterblich sind, dass deine Zähne und meine Zähne auch noch sein werden, wenn es uns nicht mehr gibt, dass ich mit meiner Zunge das berühre, was dich unsterblich macht. Was dich unsterblich macht und deine Plomben.

(auch: meine Sorge, deine Haut könnte meinen Fingerabdruck nicht mehr erkennen, sich nicht mehr entsperren lassen)

(8) BIS DASS DER TOD

Wir liegen im Bett, deine Zellen sterben langsam ab und erneuern sich, meine Zellen sterben langsam ab und erneuern sich. Morgen vielleicht sehe ich dich schon mit neuen Augen, berührst du mich schon mit neuen Fingern.

(Asche zu Asche, Staub zu Staub, und irgendwann landen wir, wenn alles gut geht, im selben Staubsaugerbeutel)

Unsere Mütter sind Sackgassen. Aber mehr haben wir auch nicht erwartet von ihnen. Als dein Vater stirbt, muss ich auch meinen noch einmal beerdigen. Du erzählst, dass deine Tochter jetzt den Unterschied versteht zwischen Kranksein und Tod, dass sie es dir am Begräbnis ganz tapfer nachgemacht hat: das Schaufeln der Erde auf den Sarg, das Hinterherwerfen der Blumen, dass du in dieser Nacht bei ihr im Zimmer geschlafen hast, am Boden neben ihrem Bett, dass du dort auch gerne den nächsten Tag, die nächste Woche verbracht hättest. Stattdessen hast du dich im Badezimmer eingesperrt und mich angerufen.

(wenn sie uns lange genug in die Augen schauen, sehen sie die Begräbnisse)

Für eine funktionierende Beziehung, hast du mir erklärt, braucht es zwei Wiederholungstäter mit ungefähr gleich viel krimineller Energie. Und ich denke an deine Hände, wie sie einen Salatkopf über der Abwasch zerreißen.

(aber das Wort DU ist eine schöne Projektionsfläche, sagst du, das kann auch jemand ganz anderer sein, schon eine Sekunde später)

(9) AMEISEN

In der Nacht, als deine Tochter geboren wurde, habe ich schlecht geschlafen. Ich wusste nicht, dass du im Krankenhaus bist, wir hatten kaum Kontakt in den letzten Wochen deiner Schwangerschaft. Seitdem bin ich ein wenig abergläubisch. Manchmal redest du von Scheidung, aber dann denke ich daran, dass du deiner Tochter die Zähne putzt, dass du ihre Haare föhnst, dass du jeden Tag für sie kochst, Vater, Mutter, Kind, ein Spiel, dessen Regeln du besser verstehst als ich, ein Spiel, das ich nur aus dem Kindergarten kenne.

(als du dich in mich verliebt hast, warst du traurig, dass sich auch andere in mich verlieben, circa jede zweite Frau, schätzt du)

Du blickst hinauf in den Nachthimmel, deine Bierdose schon wieder ganz leicht, eine Rakete, kurz davor abzuheben. Schau, sagst du, jeder Stern: ein Einschussloch, jeder Stern: eine

Austrittswunde, hast du in einem Buch gelesen, du weißt nicht mehr von wem, und seitdem wartest du darauf, dass der Weltraum verblutet. Wann dein Leben zu einer Ameisenstraße geworden ist, willst du wissen. Ich habe keine Antwort für dich, nur einen Schluck Bier kann ich dir anbieten. Dann ist auch meine Dose leer.

(du verschickst Kuverts mit zerbrochenen Fensterscheiben, Abschiedsbriefe vielleicht, ich lasse sie im Postkasten liegen, bis nichts mehr reinpasst)

Das letzte Mal, als ich dich sehe, sind wir in meiner Wohnung. Wir schauen den Ameisen dabei zu, wie sie die Brösel wegtragen, die Reste von unserem Frühstück, wie sie das 30-fache, vielleicht 40-fache ihres Gewichts tragen, während wir es an manchen Tagen nicht einmal schaffen, uns selbst durch den Alltag zu schleppen. Mit Ameisen kennst du dich aus, sagst du und beschreibst mir, welche Fallen ich kaufen soll. Dann gehst du, du küsst mich noch einmal, für einen kurzen Moment teilen wir uns das gleiche Herz-Kreislauf-System, und als ich die Tür zuziehe, fällt mir ein, dass ich vergessen habe, meinen Kopf auf deinen Bauch zu legen. Und du hast nicht gefragt, ob. Ich räume das Geschirr weg, ich sehe den Ameisen dabei zu, wie sie die Brösel, wie sie ein Haar von dir wegtragen.

ICH WÄR GERN
DEIN LOCH NESS
FÜR EIN MONSTER
HABE ICH NOCH PLATZ

Schalko und Pichler: Staffel 1

S1/E1: PILOT

Die Fahndung nach einem brutalen Serienmörder, der früher hauptberuflich als Fleischhacker gearbeitet hat, führt Schalko und Pichler zu einem Punschstand. Darauf hingewiesen, dass im Kinderpunsch allem Anschein nach eine abgetrennte Hand schwimmt, sagt der Standbetreiber, das macht nichts, den Kinderpunsch trinkt eh niemand.

S1/E2: DAS PARETO-PRINZIP

Schalko schreibt auf, was sie über Pichler weiß: Dass er seinen Ehering im Neusiedlersee verloren hat. Dass seine Tochter dringend Mathe-Nachhilfe braucht. Dass er als Kind Angst vor Käpt'n Iglo hatte. Es wird eine sehr kurze Liste.

S1/E3: RAUBTIERE

Da ist etwas, es schläft in den Stromleitungen. Schalko hört die Elektrizität einatmen, wenn sie nahe genug rangeht, hört sie die Elektrizität ausatmen. Da ist etwas, es lauert in den Steckdosen.

S1/E4: PHASEN

Als Jugendliche aus dem Dorf Aalfang mitten in der Nacht den Maibaum im Dorf Haslau umsägen wollen, realisiert einer der jungen Männer nach dem fünften Bier beziehungsweise zwischen fünftem Bier und drittem Schnaps, dass es sich bei den Maibäumen nur um riesige Phallus-Symbole handelt, dass sie alle Teil eines kindischen Penisneid- und Kastrationsangstrituals sind. Genau in diesem Moment stürzt der Haslauer Maibaum auf ihn drauf und zerschmettert seinen Schädel. Als Schalko und Pichler den Tatort sichern, sieht es nach Regen aus, aber es wird später nur ganz leicht tröpfeln.

S1/E5: ESKALATIONSSTUFEN

Jemand hat über Nacht die Kräne auf der Baustelle bewegt.

S1/E6: KOMPLEX

Pichler gesteht seiner Therapeutin, dass er sie liebt. Sie sagt, er soll sich bitte nicht so anstellen.

S1/E7: TRAURIGE GESTALTEN

Ein Unbekannter zerstört scheinbar willkürlich Windräder. Schalko und Pichler vermuten einen Zusammenhang zwischen den in Brand gesetzten Windkraftanlagen und ihrem aktuellen Fall. Während Pichler in Cervantes' *Don Quixote* nach Hinweisen sucht (und nach knapp hundert Seiten aufgibt), drückt Schalko ihr Ohr ganz fest gegen die Steckdosen in ihrem Hotelzimmer.

S1/E8: GLÜCK IM SPIEL

Pichler gewinnt kiloweise Geselchtes beim Zankerlschnapsen. Später stellt sich heraus, dass es sich bei dem Fleisch um Beweismaterial handelt.

S1/E9: SCHWERKRAFT

Schalko und Pichler fahren undercover mit dem Zug. Kurz vor Absdorf-Hippersdorf schläft Schalko ein. Ihr Kopf rutscht zur Seite, landet auf Pichlers Schulter wie auf einem Mond.

S1/E10: HAPPY HOUR

Pichler und die Therapeutin verabreden sich zum Essen. Als sie auf die Toilette geht, rührt er mit dem Zeige- und Mittelfinger seiner rechten Hand ihren Drink um. Die Eiswürfel schmelzen merklich.

S1/E11: IM NAMEN DES VATERS

Jede Nacht, bevor Schalko einschläft, redet sie mit dem Lego-Kopf auf ihrem Nachtkästchen: sein Lächeln schon ganz abgegriffen.

S1/E12: MASKEN

Zu Fasching verkleiden sich Schalko und Pichler als Stoppschild und Geschwindigkeitsüberschreitung. Am Ende des Abends liegt Schalko überfahren im Straßengraben und Pichler erklärt noch immer sein Kostüm.

S1/E13: BRÖSEL

Pichler träumt davon, Käpt'n Iglo zu verhaften.

S1/E14: STRAHLUNG

Schalko und Pichler bestellen im Internet Wodka aus Tschernobyl, trinken in einer Nacht die ganze Flasche und sind enttäuscht, als keiner von beiden zu leuchten beginnt.

S1/E15: KORREKTUREN

Ob sie glaubt, dass das alles zusammenhängt, fragt Pichler Schalko.

S1/E16: EIN FREMDES LEBEN

Wie jedes Jahr fährt Schalko an ihrem Geburtstag zum verlassenen Hof ihrer Großeltern. Sie lässt das Auto stehen, nimmt ihre Dienstwaffe und folgt dem Feldweg, bis sie einen Hochstand erreicht. Sie raucht eine Zigarette, eine zweite, auf dem nahen Maisfeld raschelt der Kukuruz im aufkommenden Wind. Als ein Reh den Wald verlässt, entsichert Schalko ihre Waffe, nimmt das Tier ins Visier und drückt ab. Die Kugel streift einen der Hinterläufe, das Reh flüchtet ins Maisfeld, verliert immer mehr Blut, der Kukuruz raschelt im Takt der langsamer werdenden Bewegungen.

S1/E17: FORTSCHRITTE

Die Therapeutin fragt Pichler, ob er weiß, was Grenzen sind.

S1/E18: SCHNEEWITTCHEN

Jemand hat sämtliche Spiegel in den Umkleidekabinen eines Kaufhauses zerschlagen. Beim Aufklauben einer der Scherben schneidet sich Schalko in die linke Hand und blutet doppelt, einmal nur für Pichler.

S1/E19: KLEINE STEILE HEILE WELT

Ein als Andreas-Gabalier-Double arbeitender Familienvater wird seit drei Tagen vermisst. Als Pichler das Versteck des Entführers findet, muss er feststellen, dass dieser sein Opfer brutal gefoltert hat. Unter anderem mit stundenlangem Scheitelknien. Beim Verhör stellt sich heraus, dass der Täter bis zum Schluss geglaubt hat, den echten Andreas Gabalier in seinem extra für diesen Zweck ausgebauten Keller festzuhalten. Pichler kann seine Enttäuschung nachvollziehen.

S1/E20: ANTWORTEN

Schalko liegt schon im Bett, als ihr Handy klingelt: eine unbekannte Nummer, »vermutlich Pichler« steht direkt darunter. Als sie rangeht, hört sie das Surren eines Umspannwerks. Und weiß, was sie als Nächstes zu tun hat.

S1/E21: IMMER NUR SIE

Schalko fragt Pichler, was wäre, wenn sie die Mörderin ist, wenn er nach all den Jahren herausfindet, dass er immer nur sie gesucht hat.

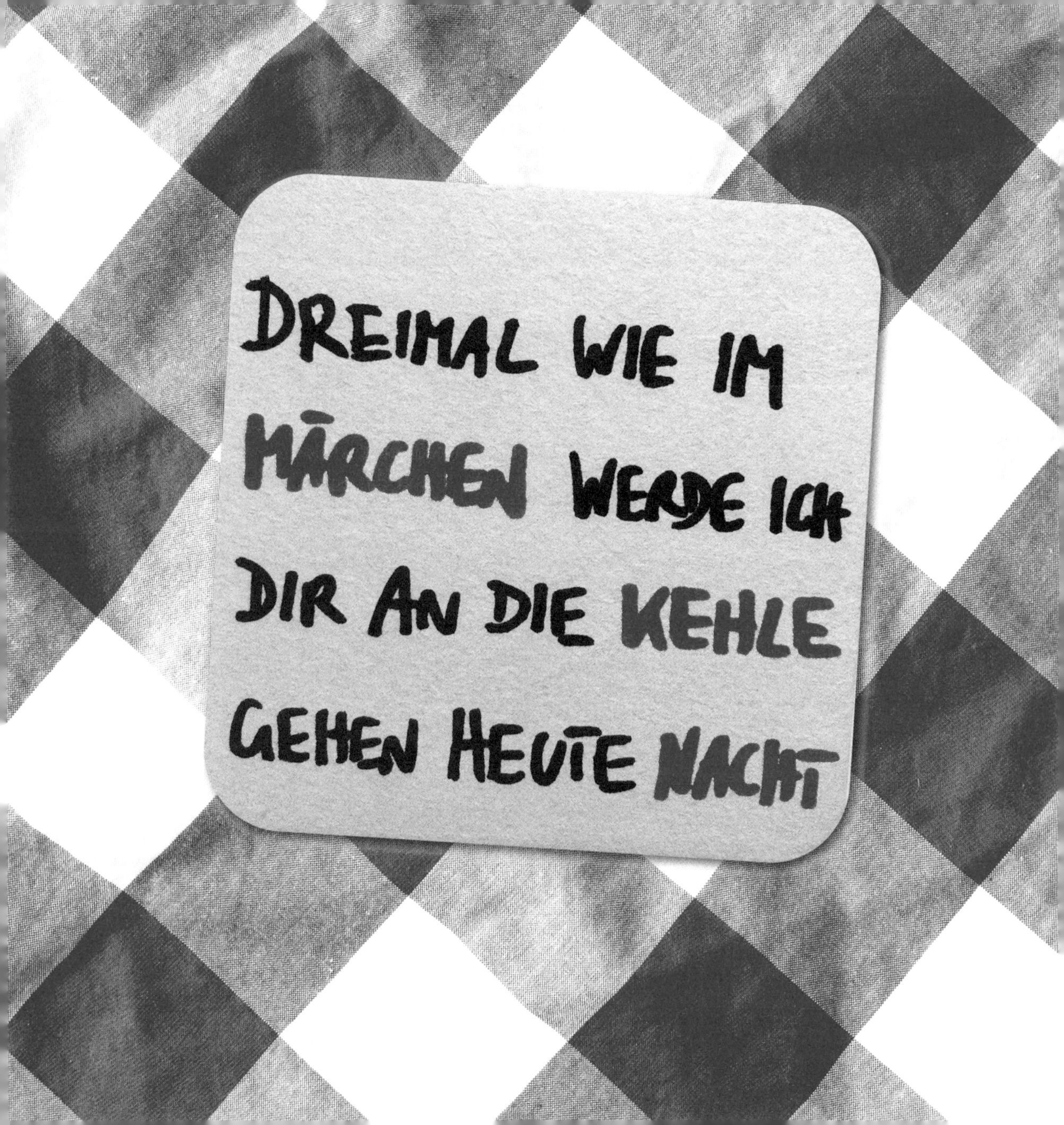
DREIMAL WIE IM
MÄRCHEN WERDE ICH
DIR AN DIE KEHLE
GEHEN HEUTE NACHT

Es gibt hier nichts zu bergen

1

es gibt sichtbare und es gibt unsichtbare Listen

Das hier ist ein Verzeichnis: für den Abstand zwischen dem WAS ALLES WAR und dem UND SO WEITER.

Europäische Aale kommen im Atlantik zur Welt. Es dauert drei Jahre, bis die Larven, zum Teil vom Golfstrom mitgenommen, die europäischen Küsten erreichen. Auf den letzten Kilometern verwandeln sie sich in nur wenige Zentimeter große Glasaale und schwimmen flussaufwärts den Binnengewässern im Landesinneren entgegen. Dort wachsen sie, die Weibchen werden fast dreimal so groß wie die Männchen, dort bekommen sie ihre grün-braune Färbung. Bis sie Jahre später und mittlerweile geschlechtsreif erneut aufbrechen, pünktlich zum Herbstbeginn dorthin zurückwandern, wo sie geschlüpft sind: in die Sargassosee. Innerhalb eines Jahres legen sie mehrere tausend Kilometer zurück, dieses Mal: gegen den Strom.

Auf dem Weg zurück zum Meer verändern sich die Körper der Tiere. Ihre Farbe wechselt zu silbrig-grau, der After verschwindet, die Augen vergrößern sich. Vier Wochen dauert diese Metamorphose, die Nahrungsaufnahme wird mehr und mehr reduziert, schließlich: eingestellt. Der Verdauungstrakt wird zurückgebildet, die Geschlechtsorgane entwickeln sich, bis diese alles andere verdrängen, den Körper komplett ausfüllen. Die Kiemen passen sich den Gegebenheiten des Ozeans an, ihre neue Farbe schützt die Tiere vor Meeresräubern. Fast unsichtbar erreichen sie ihr Ziel, laichen und sterben.

Forscher können noch immer nicht mit hundertprozentiger Sicherheit sagen, wie die Aale ihren Weg finden, weder in die eine noch in die andere Richtung, sie orientieren sich anscheinend an Ebbe und Flut, an Magnetfeldern, folgen dem Gezeitenrhythmus.

Würde ich eine Liste schreiben, mit vom Aussterben bedrohten Tierarten, über die niemand redet, weil sie zu hässlich sind, weil sie nicht niedlich genug sind, würde der Europäische Aal ganz oben stehen.

2

bis vom Radieren ein kleines schwarzes Loch entsteht

Ich glaube nicht an Vollständigkeit. Aber alles, was ich über Hunger weiß, weiß ich von dir, alles, was ich über Messer, über schwarze Löcher, ich soll nicht übertreiben, höre ich deine Stimme, nicht ALL-IN gehen, wenn ich keine Karten in der Hand, wenn ich nicht einmal weiß, nach welchen Regeln gespielt wird.

Dass ich dieses Jahr zu Weihnachten wieder nicht am Grab meines Vaters war, will ich dir erzählen, dass die Leber eines Rothirsches im Winter schrumpft, dass meine auf die doppelte Größe anwächst, dass ich an Silvester überlegt habe, welches Feuerwerk und welche Lippen du, ob du mittlerweile weißt, wo dein Vater begraben ist.

Es gibt Tage, da überlege ich, in alte Beziehungen zurückzukehren wie in das Dorf, das ich verlassen habe, um in der Stadt zu studieren. An anderen Tagen bin ich froh, dass ich fast nur mehr mit Frauen schlafe, die ich auch mag.

Letztes Jahr wurden in österreichischen Zügen 32000 Gegenstände vergessen, lese ich im Internet, circa ein Drittel konnte ihren Eigentümerinnen und Eigentümern zurückgegeben werden. Du warst gründlicher, kein einziger Gegenstand, den du mir nicht zurück, den du mir nicht mit der Post, *let's have a nice clean cut*.

Ich soll gehen, hast du gesagt, also bin ich gegangen, ein Umzug mitten im Winter, die Schlüsselübergabe an deinem Geburtstag, eine unmöblierte Wohnung und das Gefühl, über Nacht ausgeraubt worden zu sein. Ich habe mich auf den Boden gesetzt, habe die Steckdosen gezählt, in meinem Kopf die Regale aufgebaut, habe mir ein Sechserpack Dosenbier aus dem nächsten Supermarkt geholt und in den leeren Kühlschrank gestellt.

Als die Möbelpacker am nächsten Tag meine Sachen bringen, warte ich darauf, dass du aus einem der Umzugskartons springst und mir erklärst, dass das alles ein Missverständnis war, ein schlechter Scherz. Stattdessen finde ich einen Brief von dir mit der E-Mail-Adresse einer Therapeutin.

3

wir strecken unsere Finger in den Wind, wollen herausfinden, aus welcher Richtung wir verlassen werden, bleiben zurück als Gespenster, als Scherenschnitt

Mein Schlafzimmer hat noch immer keine Vorhänge. Ich habe einen der Umzugskartons zerlegt, mit Paketband vor die Fenster geklebt und auf die Innenseite mit großen schwarzen Buchstaben geschrieben: IT WON'T BE LIKE THIS ALL THE TIME.

Die Therapeutin sagt, es sei ein Fehler, meinen Schreibtisch ins selbe Zimmer wie mein Bett, meinen Schreibtisch direkt neben das Bett zu stellen, gerade in meinem Fall sei eine deutliche Trennung dieser zwei Bereiche wichtig, und ich frage mich, ob die Tatsache, dass ich, seit ich meinen Laptop besitze, die Tastatur noch kein einziges Mal gereinigt habe, ob die Tatsache, dass ich den Matratzenschoner, seit ich ihn besitze, noch kein einziges Mal gewaschen habe, ob sich daraus eine Diagnose ableiten lässt.

Den Kaugummi der Liebe noch ein bisschen dehnen, wenn mich jemand fragt, was passiert ist, sage ich, du bist mir abhandengekommen, dann sage ich, ich habe dich verlegt, *die Elastizität kontrollieren*, die Bäume im Innenhof sind heute auffällig ruhig, *probieren, ob er noch Geschmack hat*, das dunkle Plastik der Müllsäcke, das durchsichtig wird, wenn man zu viel reingesteckt, das reißt, *an der eigenen Vergangenheit riechen*, ich habe den Überblick über meine Nachsendeaufträge verloren, *noch etwas bekommen, noch etwas herausschlagen*, an Tagen, die wie Steckbriefe aussehen, *die Sparbüchse schütteln*, immer muss ich mit meiner Zunge nach dir fühlen wie nach einer wunden Stelle, nach einem fehlenden Stück Zahn, *die letzte Münze herausklopfen*, ich sortiere alte Kleidung aus, als wäre jemand, als wäre ich gestorben, *die Schulden eintreiben*, Frauen, die sich für Investitionsruinen interessieren, interessieren sich auch für mich.

Ich habe im Internet recherchiert, ob Edith Klinger noch lebt, *schaun S' doch, die Bauxi, so ein fesches Hunderl*, frage mich, inwiefern sich die Tatsache, dass wir beide mit der Sendung *Wer will mich?* aufgewachsen sind, *die Bauxi mag Kinder, frisst aber auch Trockenfutter*, in der Frau Klinger im Dirndl jeden Samstagnachmittag ein neues Zuhause für Haustiere gesucht hat, *schaun S' doch, so ein liebes Tier, vielleicht ein bisserl überfüttert*, inwiefern sich diese Gemeinsamkeit auf unser Beziehungsverhalten ausgewirkt hat.

4

wenn ich in dein Blut hineingreife, in den kaum hörbaren Wellengang direkt unter deiner Haut, in einen unberührten Ozean

Ich habe die Suchagenten auf willhaben, habe alle Dating-Apps gelöscht. Wenn ich nicht schlafen kann, klicke ich mich von Webcam zu Webcam. Eines der Models erinnert mich an dich, ich habe meinen Schlafrhythmus an ihren Arbeitsrhythmus angepasst. Sobald sie drei Tage hintereinander nicht online ist, triggern meine Verlustängste.

All my life I've collected knives, es gibt ein paar Songs, die mir das Gefühl geben, mit dir etwas verpasst zu haben, *of almost every size*, vielleicht noch immer etwas zu verpassen, mit jedem Tag, den ich dich nicht sehe, Songs und Texte, *they are beautiful knives*, die mich dazu bringen, mitten in der Nacht in der Nähe deiner Wohnung spazieren zu gehen. Die Therapeutin meint, es sei gut, dass wir nicht mehr im selben Bezirk, ich erzähle ihr nicht, wie regelmäßig ich kontrolliere, ob da schon, ob da wieder: ein zweiter Name steht am Türschild neben deinem.

Ich würde gerne deine Stimme hören, wenn du erzählst, wie wir uns kennengelernt haben, *ich hab grad das Skelett arrangiert*, will wissen, wie viele Versionen es mittlerweile gibt von unserem Anfang, *und da hast du an die Auslage geklopft*, in Wahrheit warst du da und ich habe zugegriffen und ich war da und du hast zugegriffen, *und da hab ich die Rouleaus heruntergelassen*, wie viele Versionen es mittlerweile gibt von unserem Ende, *weil es mir plötzlich unheimlich geworden ist.*

Ich besuche eine Ausstellung mit dem Titel GEPLANTE OBSOLESZENZ. Die Künstlerin beschäftigt sich in ihrer Arbeit mit serieller Monogamie, hat Fotos und Gegenstände zum Thema gesammelt: UNO-Karten von verschiedenen Ausgaben des Spiels, das Logo auf der Rückseite mit leichten Variationen, die Karten nicht gleich groß und unterschiedlich stark abgespielt, Notausgangsschilder, beleuchtet und unbeleuchtet, vielleicht kaputt, Schilder aus Aufzügen, *dieser Aufzug ist mit einem Notrufsystem ausgestattet, durch langes Drücken der Notruftaste (mindestens 2 Sekunden) werden Sie mit der Notrufzentrale verbunden,* Zitronenscheiben, die über und auf Schnitzelpanier ausgedrückt wurden, statt Kernen stecken jetzt Brösel im Fruchtfleisch, leere Bierdosen, die zufällig paarweise am Wochenende auf Fensterbrettern, an Bushaltestellen stehen gelassen wurden, manchmal sogar dieselbe Marke, Spinnen, die in ihren eigenen Netzen verhungert sind, unvollständige Schachspiele, eine Dame fehlt oder ein König, zerlegte Klaviere, die weißen und schwarzen Tasten auf zwei ungleich große Haufen verteilt.

Als ich die Galerie verlasse: eine Nachricht von dir, du schickst mir einen Song, *give me the first six months of love*, du schreibst, dass ich vielleicht der ideale Typ bin, der ideale Typ war für die ersten sechs Monate, und ich denke, was wir alles untergebracht haben: Wohnungssuche, Schwangerschaftstest, Umzug, Krankenhausbesuche, Begräbnisse, Fremdgehen, *it's a chemical jackpot, baby*, frage mich, was wir in einem Jahr, was wir in einem Leben, aber ich: vielleicht zu sehr Heiliger Martin, will immer nur die Hälfte geben, mich im Stall bei den Gänsen verstecken.

5

oder die Tatsache, dass wir beide in der Nähe eines Friedhofs, mit Blick auf die Gräber aufgewachsen sind, oder das Leuchten der Grablichter in windstillen Nächten

In *Flaubert's Parrot* von Julian Barnes ist der Protagonist von der Idee besessen, den ausgestopften Papagei zu finden, der kurze Zeit auf Flauberts Schreibtisch gestanden ist. Sein Versuch, sich über ein totes Tier dem toten Autor anzunähern, scheitert (natürlich, würdest du sagen), als ihn seine Recherche nach Paris in die Sammlung des Naturkundemuseums führt, wo fünfzig ausgestopfte Papageien nebeneinander aufgereiht auf ihn warten, die alle THE ONE sein könnten.

Taxidermie, lese ich auf Wikipedia, erfolgt in vier Phasen: Datenerfassung, Abbalgen, Ausstopfen und Etikettieren. Zunächst wird die Haut des Tieres mit einem Schnitt geöffnet und abgezogen. Sie wird gegerbt und auf einen den Maßen des toten Tieres nachempfundenen Kunstkörper aufgezogen. Die Gliedmaßen oder Flügel werden mit Draht fixiert, Glas- oder Kunststoffaugen in den Schädel eingesetzt. Am Ende wird alles vernäht und der Balg mit dem endgültigen Etikett versehen, lese ich, *es enthält die Inventarnummer, den wissenschaftlichen Namen des Tieres sowie Herkunftsangaben und Maße.* Eines der Fotos zeigt einen präparierten Löwen, der gerade dabei ist, ein präpariertes Streifengnu zu reißen, beide Tiere schauen sehr entspannt aus, ich schicke es dir, *this could be us but*, werde es mir übers Bett hängen, vielleicht.

Im Baumarkt verirre ich mich auf meiner Suche nach Bilderrahmen in die Friedhofsabteilung. Die Grablichter werden mit einer »notariell bestätigten Brenndauer von sieben Tagen« beworben, mit einer »ruhigen und konstanten Flamme«, mit »gleichmäßigem Abbrand« und »ansprechenden Motiven«. Aus irgendeinem Grund berühren mich die Grablichter mit Dialektsprüchen am meisten. Wenn man sie richtig anordnet, kommt ein Gedicht dabei raus:

In Gedaunk'n bei dir
Danke für die schene Zeit
Sche wars wenns do warst
Amoi seng ma uns wieder

Ich denke an deine Hand in der Hand deines Vaters, an das Krankenhausbett und die welken Blumen, eine Zugfahrt, in der du zweimal falsch umgestiegen bist, das Rauchbier, das du mir mitgebracht, das wir gemeinsam getrunken haben. Auf die Väter, was auch immer das heißt, hast du gesagt. Zwei Lungenzüge später warst du an meiner Schulter eingeschlafen, und ich habe mich keinen Millimeter bewegt. *Bury me in different shapes*, ich höre *bury me in different shades*. Falls dich wer fragt:

Ich will auf mehrere Schatten verteilt beerdigt werden. Oder als Präparat auf deinem Schreibtisch landen.

6

Berührungen, die, und Speichel, den ich nicht mehr zurücknehmen kann, die dünne Haut zwischen Mitternacht und Aufwachen

Als man die Hündin Laika mit dem Satelliten Sputnik 2 ins All geschossen hat, hat ihr Herz dreimal schneller geschlagen als sonst. Vermutlich ist sie bereits nach wenigen Stunden an Überhitzung und Stress gestorben. Eine Rückreise war ohnehin nicht vorgesehen gewesen. Der Plan war, sie mit vergiftetem Futter einzuschläfern, um ihr ein Verglühen in der Atmosphäre zu ersparen.

Wenn es Aliens gibt, dann wird eine der ersten menschlichen Stimmen, die sie hören, die eines Nazis sein, »I send greetings on behalf of the people of our planet«, so die Audiobotschaft von Kurt Waldheim, damals Generalsekretär der Vereinten Nationen, auf den Goldenen Schallplatten, die mit den Raumsonden Voyager 1 und Voyager 2 ins Weltall geschossen wurden, »we step out of our solar system into the universe seeking only peace and friendship«. Auch sind auf den Schallplatten verschiedene Geräusche zu hören, darunter ein menschlicher Kuss. Die NASA wollte unbedingt einen heterosexuellen Kuss, musst du dir vorstellen. Nachdem man verschiedene Varianten ausprobiert hatte, entschied man sich für einen sanften Kuss auf die Wange.

Ich habe dir irgendwann verziehen, dass du dich wie der Mond um mein Leben herumbewegst. Mich damit abgefunden, dass ich Teile von dir nie sehen werde.

7

wir erzählen uns die ganze Nacht Geschichten: wie das Auge funktioniert, wir reden von: der Entdeckung der Lichtempfindlichkeit, wir schlafen: ins Fensterglas hinein

Es gibt Geisterbahnhöfe, reine Durchfahrtsstationen, noch vor ihrer Inbetriebnahme stillgelegt, es gibt Geisternetze, entweder verloren gegangen oder absichtlich entsorgt, die seit Jahrzehnten im Meer treiben, deren Schlingen noch immer Fische und Meeressäuger fangen, und es gibt einen Geist im Weltall, die sogenannte »Matroschka«. Es handelt sich dabei um ein in Scheiben zerlegbares, menschengroßes Phantom. Die Matroschka wiegt 68 Kilogramm und enthält echte menschliche Knochen sowie Kunststoffe, die Organe simulieren sollen. Die Puppe wurde für anderthalb Jahre außerhalb der Internationalen Raumstation angebracht, um dort die Strahlenbelastung zu messen. Ein Nachfolgeprojekt ist bereits in Planung.

Einmal hast du mir gesagt, ich bin wie die Schwerkraft, die legt sich auch überall drauf. Ich habe erst viel später verstanden, was du damit gemeint hast.

Berichten der NASA zufolge kam es 1965 zu einem Unfall in einer Vakuumkammer. Ein Raumanzug hatte ein Loch und bereits nach 14 Sekunden hatte der Astronaut das Bewusstsein verloren. Das Letzte, woran er sich erinnern konnte, war, dass der Speichel auf seiner Zunge zu kochen angefangen hatte.

Ich will dir sagen, dass sich so unser erster Kuss angefühlt hat, dir erzählen, dass mein Körper auch ein Matroschka-Experiment ist, aber ich muss aufhören, dich mit einer Startrampe, dich mit einer Landebahn, ich muss aufhören, dich zu verwechseln.

8

es gibt kein Wort für die Angst vor Spinnennetzen, für die Angst, sich in etwas zu verfangen, von etwas berührt zu werden, das man nicht sehen kann, für die Angst, die Spinne mit der Beute und die Beute mit der Spinne zu verwechseln

Als du mich gefragt hast, ob wir es noch einmal probieren sollen, habe ich an deinen Oberarm gedacht, den du dir beim Skifahren gebrochen hast, an den Knochen, der nicht mehr richtig zusammengewachsen ist. Du hast einen Bierdeckel genommen und mit den Fingern so lange bearbeitet, bis er eine herzähnliche Form hatte, hast ihn mir gegen die Brust gedrückt und gesagt: Schau, der passt.

Das Herz eines Kolibris schlägt ungefähr sechshundert Mal pro Minute, im Flug verdoppelt sich diese Frequenz.

Wir beide in einem Randbezirk, die anderen sind schon nachhause gegangen, kein Lokal hat mehr offen, wir holen uns Bier von der Tankstelle, setzen uns auf eine Bank und du erzählst mir die komplette letzte Staffel *Game of Thrones* nach, wir teilen uns ein Bier, ein zweites, du aschst in die leeren Dosen, du aschst in den Wind. Auch nach dem dritten Bier ist nicht klar, wer mit wem mitgehen wird. Bis du dir ein Taxi rufst, mir wenige Minuten später schreibst: Sei froh, dass ich keine Drachen besitze.

Wale bekommen beim Auftauchen, beim Durchbrechen der Wasseroberfläche Herzrasen.

9

was wenn dein Körper nur ein Aufbewahrungsort für meinen Körper ist, was wenn: A LOVE STORY

Die Therapeutin sagt, ich benutze Sex, um meine Einsamkeit, meine Unsicherheit, meine Ängste zu verringern, um Gefühle zuzudecken, um mich lebendig zu fühlen, manchmal glaube ich, sie liest vor unseren Sitzungen Wikipedia-Artikel und fasst sie für mich zusammen. Jedes Ficken ist Ficken gegen den Tod, höre ich deine Stimme und denke über die Gemeinsamkeiten zwischen der Therapeutin und meiner Leber nach: Beide haben viel zu tun, beide sind überfordert, ich kann mir beide nett angerichtet auf einem Teller vorstellen.

I have only two emotions, bin hin- und hergerissen zwischen Erec und Iwein, *careful fear and dead devotion*, werde ich mich VERLIEGEN oder werde ich mich VERFAHREN, denke an dein Bett, das wir zerlegt und ins Kellerabteil geräumt haben, *everything I love is on the table*, an den Esszimmertisch, an dem wir zu unterschiedlichen Tageszeiten gesessen sind, dein Leben als Plastiktischdecke über meinem Leben, *everything I love is out to sea*, an das Bett, das ich wieder zusammengebaut habe für dich, bevor ich ausgezogen bin, an den Esszimmertisch, der jetzt in meiner neuen Wohnung steht, wenn mein Bier umkippt und über die Tischplatte rinnt, entstehen Sternnebel, ganze Galaxien, *I can't get the balance right*.

Auf meinem Weg zum Supermarkt komme ich an einem orangen Fahrrad vorbei, an dem ein Zettel klebt: »Lieber Fahrradbesitzer, bitte melde dich bei mir, ich würde mich für einige Teile interessieren, liebe Grüße.« Mein erstes Rad war hellblau und hatte einen weißen Sattel. Bei meinen ersten Fahrversuchen mit Stützrädern habe ich mir vorgestellt, ich wäre Lucky Luke und das Rad mein Jolly Jumper, *I'm a poor lonesome cowboy and a long way from home*, magst du der Sonnenuntergang sein, in den ich hineinreite, bitte melde dich bei mir, ich würde mich für einige Teile interessieren, liebe Grüße.

10

WEIL ICH DICH ZUM FRESSEN GERN HABE (und andere Essstörungen)

Ich habe eine Liste geschrieben mit wahrscheinlichen und unwahrscheinlichen Ursachen für das Aussterben der Dinosaurier, habe bei meiner Recherche unter anderem herausgefunden, dass den Besucherinnen und Besuchern im Creation Museum in Kentucky erzählt wird, dass sich etwa 50 Dinosaurier-Arten an Bord der Arche Noah befanden, habe gelesen, dass es anscheinend die Aufgabe der männlichen Saurier war, die Eier auszubrüten und sich um den Nachwuchs zu kümmern, dass das Skelett eines Apatosauriers im American Museum of Natural History in New York 65 Jahre lang den Kopf einer anderen Dinosaurier-Art getragen hatte, bis jemand den Fehler bemerkte. (Nicht nur die Namen, auch die Köpfe sind austauschbar, höre ich dich sagen.)

Ich weiß nicht, wer von uns beiden als Kind mehr Bücher über Dinosaurier besessen hat, aber es gibt zwei Fotos, eines von dir und eines von mir, beide aufgenommen vor dem Allosaurus-Skelett im Naturhistorischen Museum, wir haben sie nebeneinandergelegt und spekuliert, ob unsere Eltern zufällig am selben Tag mit uns nach Wien gefahren sind. Der Anfang einer langen Liste mit Orten, an denen wir uns verpasst haben.

Mich fasziniert die Vorstellung von einer Welt ohne Menschen, das Finden und Freilegen der Skelette, das Rekonstruieren der dazugehörenden Lebewesen, die Spekulationen über ihr tatsächliches Aussehen, Archäologie als morbide Form von Romantik, würdest du es nennen, dass ich gerne Dinge ausgrabe, die tot sind, um sie wieder zusammenzusetzen, und vielleicht hast du mir deshalb den Mosasaurus-Zahn geschenkt, als Erinnerung daran, dass manche Dinge aus gutem Grund vorbei sind, dass es auch Enden gibt, ganz ohne Meteoriteneinschlag, Staubwolke oder andere Naturkatastrophen. Enden, die keinen eigenen Wikipedia-Eintrag bekommen.

11

das Licht im Treppenhaus, das ausgeht und wieder an, ein letzter Kuss auf die Halsschlagader (oder: warum alles kleiner wird)

Nach meinem Umzug ist mir aufgefallen, dass ich auch die toten Insekten in meinem Deckenfluter mitgesiedelt habe. Die Therapeutin seufzt, legt ihre Brille zur Seite, die Geschichten, die ich ihr erzähle, meine Beobachtungen, nie weiß sie, ob ich etwas Bestimmtes aussagen will damit oder sie einfach nur so erzähle, als Ablenkungsmanöver, damit die Zeit schneller vergeht, vielleicht sogar: um sie zu unterhalten.

Sie beugt sich vor zu mir, sie sagt, sie könnte jetzt nachfragen, wofür die toten Insekten, sie könnte fragen, wofür der Deckenfluter steht, wahrscheinlich würde es uns beiden sogar Spaß machen, diesen beiden Metaphern nachzugehen, die toten Insekten würden uns vielleicht ins Museum zu den Schaukästen, der Deckenfluter wahrscheinlich bis zum Mond bringen, wir könnten über den Zusammenhang zwischen Erinnern und Archivieren reden, gemeinsam zu dem Schluss kommen, dass meine Faszination für den Weltraum auch mit einer ordentlichen Portion Todessehnsucht verbunden ist.

Wir können dieses Spiel gerne weiterspielen oder sie sagt mir einfach, was sie denkt. Meine Art mit ihr zu sprechen, erinnert sie an die Methoden der Mafia, die erzählen auch eine auf den ersten Blick harmlose Geschichte aus ihrer Kindheit, mit einer sehr durchschaubaren Moral, aber eigentlich wollen sie nur sagen: Wenn du mich bescheißt, wachst du neben einem Pferdekopf auf, wenn du mich bescheißt, bringe ich dich um.

12

es gibt hier nichts zu bergen

Aale sind die einzigen Lebewesen mit zwei Herzen. Das erste liegt unmittelbar hinter den Kiemenöffnungen, das zweite, dessen Schlagfrequenz nicht durch Nerven gesteuert wird, sondern hormonell und durch Temperatureinfluss, befindet sich hinten im Schwanz. *Wenn man sicherstellen möchte, dass ein Aal wirklich tot ist,* lese ich, *muss man ihn schnellstmöglich ausnehmen.*

Ich denke an die zwei Marsmonde, Deimos und Phobos. Wenn wir irgendwann den Mars besiedeln wollen, muss unter anderem die Temperatur von minus 30 auf circa plus 8 Grad Celsius erhöht werden. Ein in diesem Zusammenhang oft diskutiertes Szenario ist, auf einen der beiden Monde zu verzichten. Aus Phobos könnte ein Weltraumhafen werden, während ein kontrollierter Absturz des Deimos für eine Erwärmung von bis zu sechs Grad sorgen würde.

Wir können dieses Spiel gerne weiterspielen, höre ich die Therapeutin und wähle deine Nummer, es läutet einmal, zweimal, dreimal, ich blicke durch den Staub auf der Fensterscheibe in den Innenhof, da flattert ein weißes Plastiksackerl in den Bäumen, du hebst ab, ich versuche nüchtern zu klingen, obwohl ich keinen Schluck getrunken habe, was machst du heute Abend, frage ich dich, was hast du die nächsten sechs Monate vor, korrigiere ich mich, das Sackerl schwebt von einem Baum zum nächsten, kommt langsam näher, *I am every animal you leave behind*.

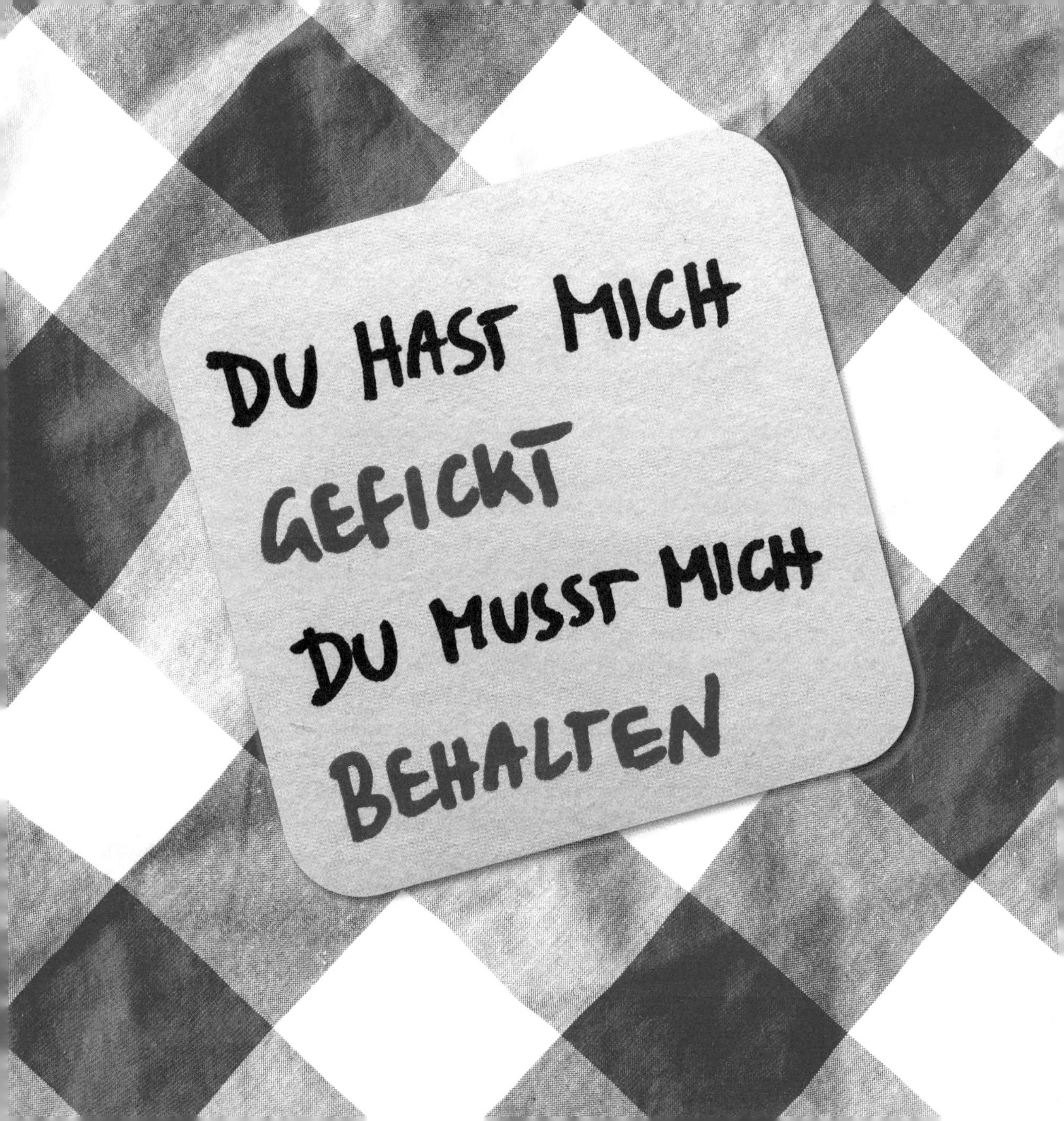
DU HAST MICH
GEFICKT
DU MUSST MICH
BEHALTEN

Männer ohne Eigenschaften Oder warum Marta nicht gerne auf Dates geht (1)

Max, 23

Was Max anturnt: Wenn er beim Fummeln mit einer Frau Münzen in ihren Hosentaschen findet, bevorzugt Zwei-Euro-Münzen, dann will er seine Finger nicht mehr aus den Hosentaschen ziehen, dann fummelt er immer heftiger und immer mehr: mit dem Metall. Ja, Max mag Frauen mit Geld in der Hose, das muss er schon zugeben. Einmal, erzählt Max, hat er ein paar Fünferscheine gefunden, in der Gesäßtasche einer sehr engen Jeans, hat einen davon von der rechten Gesäßtasche in die linke gezaubert, wie Max sagt, ohne dass sein Date etwas bemerkt hätte, darauf ist er schon ein wenig stolz.

Sebastian, 33

Sebastian hat auf seinem Nachtkästchen ein Buch liegen mit dem Titel *Tragische Weisen eine Frau zu töten*. Er freut sich jedes Mal, wenn die von ihm mit nachhause genommenen Frauen das Buch entdecken, dann beobachtet er ganz genau, was sich in ihrem Blick, wie sich ihre Körperspannung ändert, seine Augen suchen den kurzen, kaum greifbaren Moment, wenn der Fluchtinstinkt versagt, dann wird er so richtig hart, dann kann es losgehen.

Jürgen, 32

Jürgen zitiert beim ersten Date gerne Rilkes *Panther*, dann wird seine Stimme zum weichen Gang, *ein Tanz von Kraft um eine Mitte*, man darf sich nur nicht zu lange mit Jürgen unterhalten, weil *hinter tausend Stäben keine Welt*.

Ronny, 27

Am Wochenende geht Ronny gerne in den Wald, den er von seinem Vater geerbt hat, dann startet er die Motorsäge und sägt einen Baum um, manchmal auch zwei, die Zähne der Motorsäge beißen in die Rinde, in das Holz, zerfetzen die morsche Haut des toten Vaters, öffnen seine Blutgefäße und das Harz spritzt: in alle Richtungen.

Rudi, 31

Fummeln, das ist für Rudi wie ein kompliziertes Andockmanöver im Weltall. Wenn er mit einer Frau redet, würde er am liebsten fragen, ob sie für ihn ihre Schutzschilde deaktiviert, ob sie ihr Shuttlebay öffnet, er wird auch ganz vorsichtig sein, würde er ihr versprechen, beim Hineinmanövrieren, beim Landen. Stattdessen bestellt Rudi noch einen Drink und einen zweiten: auch für seine Begleitung. Und alle Phaser auf Betäubung.

Jonas, 26

Jonas hat einmal seine Freundin im Club angeschrien, weil sie zu *Single Ladies* ihre Arme an der falschen Stelle in die Luft gestreckt hat, das wird ein Nachspiel haben, soll er zu ihr im Taxi nachhause gesagt haben. Und die ganze Liftfahrt über: ein Schweigen, ein Ohrwurm.

Bernd, 32

Bernd geht gerne in den Zirkus, dann wartet er darauf, dass der Trapezkünstler zu Tode stürzt, dass dem Messerwerfer ein tödlicher Wurf auskommt, dass dem Löwenbändiger der Kopf abgerissen wird, dass die Kinder dem Clown das Make-up aus dem Gesicht und die Zähne aus dem Mund prügeln, dass der Feuerspucker alles abfackelt, dann sitzt Bernd in der Manege und fiebert einer Katastrophe nach der anderen entgegen. Den Applaus, wenn wieder einmal nichts passiert, wieder einmal alles gut gegangen ist, versteht er nicht, er klatscht dann nur ganz zögerlich, mit Handflächen, die sich kaum berühren.

Markus, 28

Markus' Definition von Feminismus: Er schläft nur mehr mit Frauen, die sich selbst als Feministinnen bezeichnen.

Peter, 36

Peter steht im Möbelhaus bei den Esstischen, geht von Tisch zu Tisch, streicht mit der flachen Hand über die unterschiedlichen Holzmaserungen und schiebt sein Becken nach vorn, ein wenig über die Tischkanten drüber, und wieder zurück, zuerst langsam, dann immer schneller, ein geübter, einstudierter

Rhythmus, Peter geht von Tisch zu Tisch und wiederholt den Prozess, ignoriert die Blicke der Angestellten, auf seiner Stirn: erste Schweißperlen, bis er bei einem der Ausstellungsobjekte deutlich länger stehen bleibt, sich mit ihm merklich länger befasst und mehr zu sich selbst sagt als zu irgendjemandem in dem weiten Raum: Ja, der ist es, der passt, ohne das noch immer im Takt baumelnde Preisschild auch nur anzuschauen.

Mike, 22

Wenn Mike auf dem Nachhauseweg gegen die SUVs tritt, seine leeren Bierdosen auf ihre Dächer stellt, seine Zigaretten auf ihren Seitenspiegeln ausdämpft und mit einem dicken Strahl quer über ihre Motorhauben pisst, dann fühlt er sich wie ein Held, dann rettet er die Welt.

Michael, 37

Sehnsucht, sagt die Therapeutin, und Michael bemerkt ihre lackierten Fingernägel, *ist ein intensives und ständiges Streben*, er sammelt den Speichel in seinem Mund, drückt ihn mit der Zunge gegen die Hinterseite seiner Schneidezähne, *in dem instinktive Impulse eine vorwiegend emotive und imaginative Form annehmen*, sein Blick gleitet wie ein Eiskunstläufer über ihre blickdichte Strumpfhose, circa 50 DEN, schätzt Michael, *sodass sich ihr kontemplatives Wesen im Konflikt mit einem unbestimmten Bedürfnis befindet*, er will wissen, wie ihre Haare schamponiert aussehen, wie ihre frisch geduschte Haut auf Druck reagiert, *ein Bedürfnis, das nicht zur Aktion führt*.

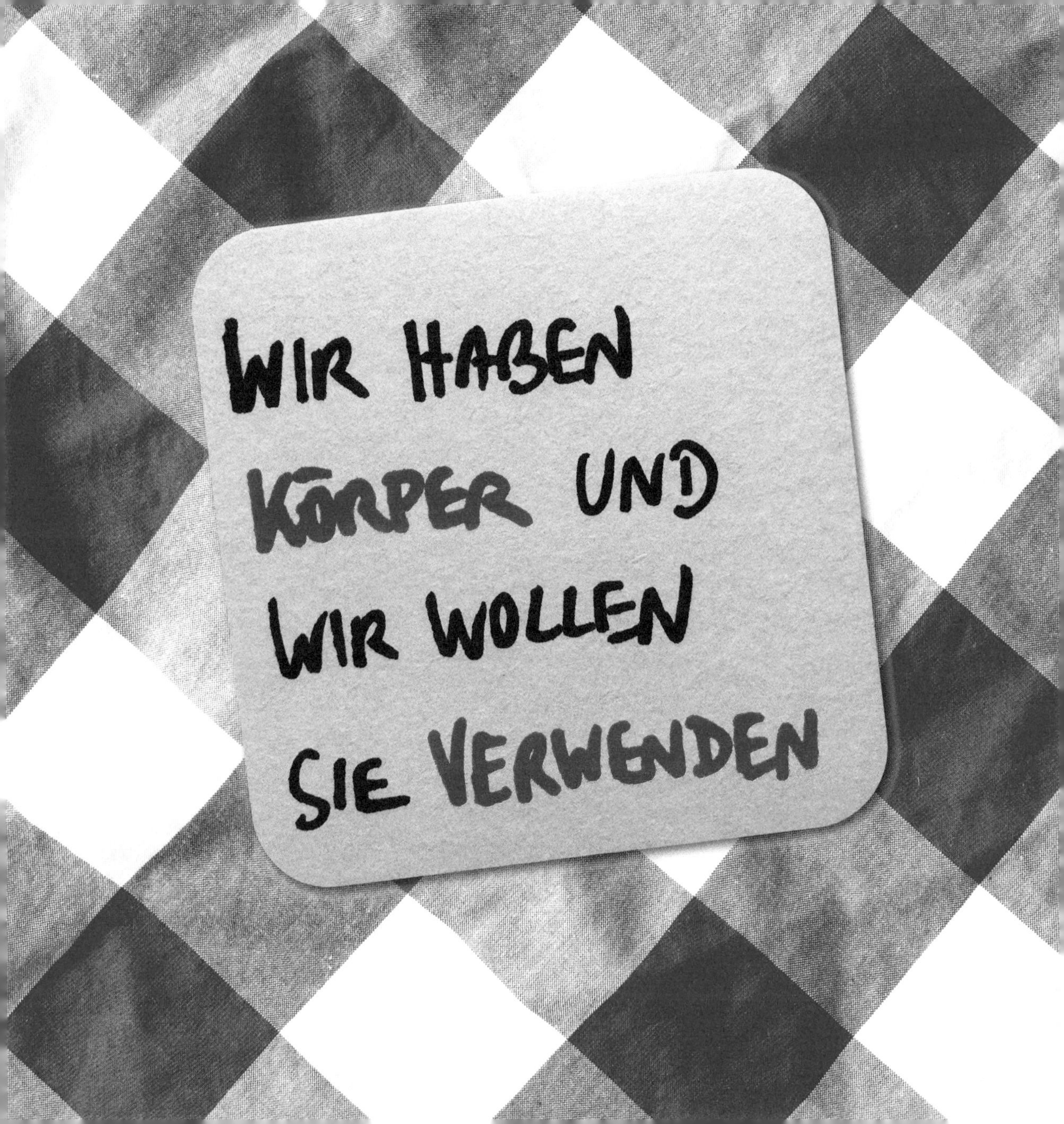
WIR HABEN
KÖRPER UND
WIR WOLLEN
SIE VERWENDEN

Tschernobyl-Kinder

Jakob schickt mir ein Foto vom Sarkophag. Ein paar Minuten später ein Bild von seinem Geigerzähler, ein Selfie von sich aus dem Kontrollraum. Schade, dass du nicht mitgekommen bist, schreibt Jakob, als er wieder im Bus sitzt.

Der vierte Reaktorblock wurde 1983 errichtet, hat er mir vor seiner Abreise erzählt, in unserem Geburtsjahr. Aber im Gegensatz zu Jakob fühle ich mich Zahlen und den damit verbundenen Zufällen weniger verpflichtet, also ist er alleine nach Kiew geflogen. Das Wort TSCHERNOBYL begleitet uns schon fast ein ganzes Leben lang, immer schon haftet ihm etwas Märchenhaftes an, ich denke an Dornröschen, an die Spindel, das schlafende Schloss, die Dornen, denke: an einen ungewollten Kuss.

Wenn man, so wie wir, im Waldviertel aufgewachsen ist, hat Jakob einmal zu mir gesagt, dann schwankt man zwischen zwei Polen, zwischen zwei Extremen: HAUS BAUEN auf der einen und DEATH DRIVE auf der anderen Seite. Ich kann mir Jakob nur schwer auf einer Baustelle oder als Fertigteilhausbesitzer, ganz leicht aber kann ich ihn mir in der Sperrzone vorstellen: das Ausschlagen und Ticken seines Geigerzählers, seine dünnen Finger, wenn er sich eine Zigarette dreht und sie raucht, sobald sie mit dem Bus die nächste Station ihrer Tour erreicht haben.

Ich versuche mich zu erinnern, wo sich Jakob und Jelena kennengelernt haben, vielleicht im Schikaneder, vielleicht im B72, an einem Freitag oder an einem Samstag, Jakob kommt von der Bar zurück mit zwei Bier, Jelena nimmt sich eines davon, wer ist das, fragt Jakob, das ist Jelena, sage ich, und der DJ spielt *Radioactive* von den Kings of Leon: *it's in the water, it's where you came from*, habe schon viel von dir gehört, lügt Jakob, Jelena zuckt mit den Schultern, die beiden stoßen an, und sie nimmt einen Schluck von dem Bier, das nur ganz kurz meines war, Prost, sage ich, *just drink the water where you came from*, das ist doch diese inoffizielle Tschernobyl-Hymne, sagt Jelena, sie deutet Richtung Lautsprecher und Jakob nickt. Ja, so muss es gewesen sein. An diesem Abend, beschließe ich, haben sich Jakob und Jelena kennengelernt.

die von oben herabfallenden Lichtsäulen im Reaktor
an sonnigen Tagen bei ausgeschaltetem Licht
der Sarkophag: ein Leichnam der noch atmet
Menschen die sich in Kraftwerke verwandelt haben
als sie sterben wird das Krankenhaus renoviert
ein lauerndes Leuchten in ihren Augen

Manchmal denke ich, da ist irgendwo ein Loch in Jakob, in das er alles Mögliche hineinschüttet. Vielleicht sucht er in Tschernobyl auch nur eine äußere Entsprechung für dieses Gefühl in ihm, ein externes Desaster, das dem inneren Zerstörungsgrad entspricht. Für eine Quarterlife-Crisis sind wir zu alt, für eine Midlife-Crisis zu jung, hat mir Jakob kurz vor seiner Abreise gesagt, und seitdem denke ich, dass wir immer versuchen Wörter zu finden für die Katastrophen, in die wir uns verwandelt haben, dass wir uns beruhigen: mit sprachlichen Trostpflastern für Zustände, die wir nicht beschreiben können.

Warum ich Jakob bewundere: Weil er nur ein Paar Jeans besitzt und mit seinem Änderungsschneider per Du ist. Weil ich nie weiß, was genau er beruflich macht. Weil er jedes Jahr meinen Geburtstag vergisst, aber nie den Todestag meines Vaters. Weil er Sätze sagt wie »Die Russinnen ruinieren Tinder« und mir zwei Wochen später erzählt, dass er in der Zwischenzeit drei von ihnen gedatet hat. Weil er alles von Foucault gelesen hat und ich deshalb nichts von Foucault lesen muss.

Dass Tschernobyl alle Merkmale einer Heterotopie erfüllt, hat Jakob mir erklärt, ein Ort außerhalb aller Orte, an dem die Wirklichkeit gleichzeitig repräsentiert, bestritten und gewendet wird. Dort werden mehrere Räume, die auf den ersten Blick nicht kompatibel erscheinen, zu einem einzigen vereint und zueinander in Beziehung gesetzt: der Freizeitpark, der vier Tage nach dem Reaktorunglück eröffnet werden sollte, und das Riesenrad mit seinen halb offenen, knallgelben Kabinen, das gleiche Gelb, denke ich beim Betrachten der Fotos, wie das des Warnzeichens für Radioaktivität, es wirkt wie nachträglich in die Landschaft hineinmontiert, es könnte genauso gut an jeder anderen Stelle der menschenleeren Stadt stehen. Oder das verlassene Schwimmbad in Prypjat, der Sprungturm, die von eins bis fünf durchnummerierten Bahnen, der im leeren Becken deutlich sichtbare Übergang vom Nichtschwimmer- in den Schwimmerbereich: ein weiterer Ort mit aufdringlicher Symbolhaftigkeit.

Auch bricht das herkömmliche Empfinden von Zeit auseinander. In der Sperrzone sammelt sich diese scheinbar endlos an. Gleichzeitig ist Tschernobyl eine überdimensionale Zeitkapsel, in der sich nichts verändert, das Jahr 1986 in Endlosschleife.

Das Gebiet ist nicht einfach so zugänglich, es stellt ein System von Öffnungen und Schließungen dar: Das Betreten und Verlassen ist an Rituale gebunden. Jakobs Eintrittspreis ist die Tour, für die er bezahlt hat, aber das Ritual beinhaltet auch das Austeilen der Geigerzähler, das Unterschreiben von Verzichtserklärungen, das Passieren des Checkpoints. Und wenn er Tschernobyl wieder verlässt, dann nimmt er die Strahlung in seinem Körper mit, als unsichtbares Souvenir.

Die Sperrzone ist ein Illusionsraum, dort wird eine Wirklichkeit erzeugt, innerhalb derer die gesamte reale Restwelt noch illusorischer erscheint als die Heterotopie selbst. Und auf einmal wirkt die nicht verstrahlte Welt außerhalb der 30 Kilometer rund um den Reaktor wie ein Trugbild. Als wäre Tschernobyl der Regelfall und alles andere: eine Abweichung. Die Zone ist aber auch ein Kompensationsraum. Viele erleben dort eine Wirklichkeit, die geordneter und vollkommener erscheint als der reale Raum: die Stille, die Ruhe, das Zurückerobern der Natur, eine wieder unberührte Landschaft, die erst zu dieser geworden ist, weil sie davor einmal zu oft berührt worden ist: eine real gewordene Utopie.

Vielleicht ist Tschernobyl aber auch nur ein Vexierbild: ein Bild mit einem verborgenen Scherz oder Betrug. Mit einer eingeschriebenen Täuschung. Und das Versteckte ist DEUTLICH und UNSICHTBAR zugleich, deutlich für diejenigen, die danach gesucht und es bereits entdeckt haben, unsichtbar für diejenigen, die nicht wissen, dass es da etwas zu finden gibt. Die Sperrzone als ein auf den ersten Blick korrekt konstruiertes Bild, dessen Objekt sich als unmöglich entpuppt.

eine Katastrophe der Zeit
ein noch nicht gedeutetes Zeichen
die Zerstörung des normalen Lebens
was bleibt: eine lebenslange Vorsilbe
unsichtbar lautlos ohne Geschmack
Radioaktivität die sich nach Körpern sehnt

Jakob war drei, ich zweieinhalb Jahre alt, als Tschernobyl passierte. Wir wissen nicht, welche Bilder aus dieser Zeit echt sind und welche nur erfunden oder nachträglich in das unvollständige Stickeralbum unserer Kindheit hineingeschwindelt wurden. Vom Wort TSCHERNOBYL ging eine unbestimmte Anziehungskraft aus, es war geheimnisvoll und nicht weiter definiert: wie ein weißer Fleck, nein: ein Loch in einer Landkarte. Wir und die anderen Kinder in unserem Alter teilten uns diese austauschbaren Erinnerungen an ein paar Tage, an denen wir nicht in der Sandkiste spielen durften. An mit Plastikfolie abgedeckte Kühe. An Eltern, die in diesem einen Sommer das erste Mal auf Urlaub gefahren sind, weil sie die Tiere im Stall nicht melken mussten. Aber niemand von uns wusste, was Tschernobyl genau ist, nur dass das Wort seltsam prickelte auf der Zunge, wenn man es in den Mund nahm, wie Brausepulver.

Spätestens in der Volksschulzeit, daran können wir uns beide erinnern, hatte sich »Tschernobyl-Kind« als beliebte Beschimpfung durchgesetzt. Es war die Alternative zu »Hurenkind« und so circa das Ärgste, das wir uns als Zehnjährige zu sagen trauten. Wir warfen mit dem verboten klingenden Wort um uns wie mit einem Bumerang. Es konnte jeden und jede treffen: auch uns selbst. Als Tschernobyl-Kind beschimpft zu werden, das hieß: etwas stimmte nicht mit dir und deinem Körper. Du bist anders, irgendwie FALSCH.

Vielleicht hat Jakob dieses Gefühl von damals nie wirklich abgelegt. Vielleicht ist sein Besuch der Sperrzone eine Art Heimkommen. Und jetzt fällt mir wieder seine Lieblingsfolge von *Akte X* ein, in der Mulder sagt, er beneidet Ahab um sein Holzbein, um diesen für alle sichtbaren Defekt. Weil dadurch alles, was er schafft, und sei es noch so banal, bereits eine Leistung ist. Wenn er wieder zurück ist, werde ich ihn fragen, ob in seinem Online-Dating-Profil noch immer »I've always wanted a peg leg« steht, und wie viele seiner Matches die Anspielung verstehen.

Unsere kindliche Vorstellung von Atomkraft war durch unser Fernsehverhalten geprägt, alles, was wir über AKWs wussten, hatten wir von den *Simpsons*. Dort wurden uns als schlimmste Auswirkungen von Strahlung ein dreiäugiger Fisch und grün leuchtender Atommüll präsentiert. In der Schule wurde Tschernobyl nur gestreift. Stattdessen wuchsen wir umgeben von Mythen auf: Dass der Granit im Waldviertel die Strahlung gespeichert hat, hieß es, und von radioaktiv verseuchten Schwammerln und Heidelbeeren war die Rede.

Wenn Hiroshima überall ist, dann auch Tschernobyl. Zum Beispiel in der Gestalt von Österreichs größter Investitionsruine: dem Kernkraftwerk Zwentendorf. Es waren noch weitere Anlagen geplant, eine zweite in Niederösterreich und eine dritte in Kärnten. Nur eine am 5. November 1978 abgehaltene Volksabstimmung verhinderte knapp die Inbetriebnahme des bereits fertiggestellten Kernkraftwerks Zwentendorf und damit auch die Fortsetzung der anderen Bauvorhaben. Jakob behauptet, ohne Tschernobyl hätten wir auch hierzulande irgendwann einen Atomreaktor bekommen, die Politik hätte einen Weg gefunden: einfach oft genug abstimmen lassen. So aber wurden alle Bemühungen zur Inbetriebnahme von Zwentendorf nach der Reaktorkatastrophe 1986 eingestellt.

Alle Handlungen, schreibt Jakob, sind im Grunde Ersatzhandlungen, und schickt mir ein Foto von seinem Mittagessen, das sie in der alten Reaktorkantine serviert bekommen. Gemeinsam mit einer Flasche Wodka.

der kollektive Suizid der Feuerwehrleute
sie betreten eine undurchschaubare Welt
begraben Erde: in der Erde
für ein Leben im bankrotten Raum
Landschaften ohne Menschen Wege ins Nichts
ein Besetztzeichen das in den Telefonleitungen pocht

279 Euro hat Jakob für seine zweitägige Tschernobyl-Tour gezahlt, all inclusive. Der Anbieter verspricht: »2 unvergessliche Tage, 7 dosimetrische Kontrollen, 40 atemberaubende Stationen, 200+ verlassene Gebäude, 500+ fesselnde Foto-

motive«. Das Motto der Tour wird gleich auf der Startseite verkündet: »UNBERÜHRTES AUSPROBIEREN. UNERKANNTES FÜHLEN. UNBEUGSAMES SEHEN«. Auf der Website gibt es außerdem eine Checkliste als Download: Dinge, die man einpacken soll, wenn man nach Tschernobyl reist. Flipflops und Badesachen sind als optional gekennzeichnet. Und wenn man genau schaut, findet man folgenden Hinweis im Kleingedruckten: »You don't need to throw away your clothes after the tour when the radiation check shows that everything is fine«. Besonders gut aber hat Jakob der letzte Punkt auf der Checkliste gefallen: Man soll bitte nicht vergessen, auch gute Laune mitzubringen.

»Für jede Bewertung auf TripAdvisor pflanzen wir einen Baum in der Tschernobyl-Zone« – die Website vermittelt den Eindruck, als könnte man durch seinen Besuch das Unglück ein Stück weit ungeschehen machen. So wird ein minimaler Teilbetrag an die »Babuschkas von Tschernobyl« gespendet, an die Frauen, die sich weigerten, die Zone nach dem Unglück zu verlassen, und noch immer dort leben, ein weiterer kleiner Betrag an krebskranke Kinder.

Stationen der Tour sind neben dem Kraftwerk unter anderem der »Rote Wald« und seine nadellosen Bäume, die »Brücke des Todes«, von der aus die Menschen 1986 das Feuer im Reaktor beobachtet haben, und die Stadt Prypjat: der Rummelplatz, das Krankenhaus, die Schule und der Kindergarten. Abgerundet wird das Angebot durch eine »100% Geld-zurück-Garantie, wenn Sie nicht zufrieden sind«. »With a Geiger counter in your hands, you will learn the secrets of the zone and experience the evacuation and the aftermath of it. Lunch and dinner included.« Und tatsächlich: Das »Café 10« hat 78 Bewertungen auf Google und bekommt im Schnitt 4,4 von 5 möglichen Sternen. »Mittagessen war in Ordnung«, schreibt zum Beispiel Günter W.

279 Euro also für eine zweitägige Tour durchs Sperrgebiet, eine Übernachtung in einem der beiden Hotels in Tschernobyl und garantiert die besten Selfie-Orte. Wir alle haben unsere eigenen Beweggründe, warum wir hier sind, schreibt Jakob, aber wenn wir eines gemeinsam haben, dann, dass man uns genauso gut auf den Mond hätte schießen oder für eine lebenslange Marsmission verpflichten können: Ich glaube, wir hätten alle sofort Ja gesagt.

etwas Unsichtbares liegt auf dem Boden
kriecht hinein hängt
in der Luft in den Straßen
sie sagen: Dunkelheit ist nichts anderes als
die Abwesenheit von Licht
eine Substanz mehr die wir nicht verstehen

Es könnte keine treffendere Bezeichnung geben für die Konstruktion, die 1986 über mehrere Monate, unter großem Zeitdruck und unter schwierigen Bedingungen über dem Reaktor errichtet wurde, als SARKOPHAG, ein Wort, das sich aus den griechischen Wörtern für »Fleisch« und »essen« zusammensetzt und nichts anderes bedeutet als FLEISCHFRESSEND.

Ich erinnere mich an mein kurzes, zweisemestriges Psychologiestudium, an Jungs Theorie der Archetypen und schicke Jakob einen Link, wonach der Sarkophag symbolisch für den

»Mutterarchetyp« steht, der die ambivalenten männlichen Vorstellungen von Weiblichkeit thematisiert, für einen Ort der Verwandlung, für das Verschlingende, Verführende, Unentrinnbare.

Angeblich wurde nach der Katastrophe das Dach des zerstörten Reaktors in drei Zonen eingeteilt: in KATJA, NINA und MASCHA, wobei Mascha die mit Abstand tödlichste war. Wie passend, schreibt Jakob, sobald sich Männer mit etwas nicht auskennen, sobald sie etwas nicht einordnen können oder sich auch nur ansatzweise bedroht fühlen davon, greifen sie auf Frauennamen zurück, um es zu benennen.

Über die Jahre wurde der Sarkophag undicht, rostende Stahlträger sorgten für Einsturzgefahr und durch die Löcher in der Decke drang mehr und mehr Wasser in das darunterliegende Gebäude. Also wurde in den Neunzigerjahren beschlossen, einen zweiten Sarkophag über dem ersten zu errichten. Im Internet gibt es eine Zeitraffer-Dokumentation der Konstruktion, ein Video, auf dem vier riesige Kräne eine scheinbar einstudierte Choreografie tanzen: wie von Geisterhand bewegt und unberührt vom Wind und von den Jahreszeiten. Seit Juli 2019 ist die neue Schutzhülle in Betrieb, angelegt für eine Lebenszeit von hundert Jahren. Wie es danach weitergeht, ist noch unklar.

Jakob schickt mir ein Foto von ausgeschlachteten Fahrzeugen, ein Foto von einem abgebrochenen Scheibenwischer und wie viel sein Geigerzähler anzeigt. Direkt nach der Katastrophe 1986 wurden rund um den Reaktor sogenannte MOGILNIKI angelegt: Massengräber für radioaktiven Müll.

Es ist nur menschlich, denke ich, stark verstrahlte Erde in

weniger verstrahlter Erde zu begraben, einen Sarkophag in einem zweiten Sarkophag, alte Haut unter einer neuen Haut, es ist nur menschlich, eine alte Beziehung mit einer neuen zuzuschütten, denke ich, während der Fingerabdruck meines rechten Daumens mein Smartphone entsperrt.

Menschen die wie Sandsäcke
auf den Reaktor geschleudert werden
sie waschen die Häuser
sie kämpfen mit Schaufeln gegen das Atom
sie werden sterben: den Tschernobyl-Tod
DAS IST KEINE ÜBUNG

Die meisten Evakuierungen, lese ich im Internet, scheitern an den Menschen. Wir verlassen Gebäude bevorzugt durch die Eingänge, durch die wir hineingekommen sind, oder suchen die Nähe von anderen Flüchtenden und folgen ihnen, auch wenn diese einen ungünstigen Weg wählen. Ich lese, dass Menschen in den meisten Fällen nicht sofort mit der Räumung beginnen, wenn sie den Alarm hören. Dass gerade dort, wo regelmäßig Evakuierungsübungen durchgeführt werden, die Menschen von einem falschen Alarm ausgehen oder die Räumung sogar verweigern. All diese Faktoren führen dazu, dass Evakuierungen in der Regel zu langsam verlaufen.

Und ich denke an die Beziehungen, in denen wir zu lange geblieben sind, aus denen wir uns nicht rechtzeitig evakuiert haben, *but I never said I would stay to the end,* hier stimmt etwas mit dem Licht nicht, schreibt Jakob, als hätten sie eine Alarmstufe übersprungen: neue Farben erfunden für neue Gefahren, *so I leave you with babies and hoping for frequency*, und ich denke an die Empfangslöcher, in denen wir uns verstecken wie in Bunkern, *I leave you with photographs, pictures of trickery*, der unsichtbare Staub auf der Linse unserer Kameras, der sich auf jeden Moment legt, zwischen jede Berührung drängt, *stains on the carpet and stains on the scenery*, wer jetzt Flecken hinterlässt auf ihrem Teppich, in ihrer Bettwäsche, frage ich mich, wer jetzt gerade: die Notbeleuchtung testet in ihrem Schlafzimmer, *when both of us knew how the ending would be*, die kurze Zeitspanne, als wir beide noch wussten: wie das Ende aussehen wird.

Was gescheiterte Beziehungen und Katastrophen gemeinsam haben: In beiden Fällen ist es fast unmöglich, die für das Unglück notwendige Kettenreaktion zu rekonstruieren. Was am Ende bleibt, ist eine lange Liste der bekannten Sicherheitsmängel und ignorierten Warnsignale, der Vorwurf der unbewussten oder bewussten Fahrlässigkeit, das Gefühl einer nicht mehr in kleinere Bruchstücke zerlegbaren Schuld, will ich Jelena schreiben, schreibe ich ihr nicht.

die Kinder spielen:
nicht EINKAUFEN oder SCHULE
die Kinder spielen KRANKENHAUS
und wenn die Puppen sterben
werden sie mit einem weißen Tuch bedeckt
und das Spiel beginnt von vorn

Im Tschernobyl-Museum in Kiew, das Jakob gleich nach seiner Ankunft besucht hat, hängen Fotos der Opfer, gleich neben den

Fotos der Liquidatoren. Die Aufgabe von Museen ist es, den Verlust oder die Beschädigung von Kulturgut zu verhindern. Sie sollen das Erleben materieller und immaterieller Zeugnisse von Menschen ermöglichen. Was aber, frage ich mich, wenn der Verlust und die Beschädigung selbst die Ausstellungsobjekte sind? Was, wenn das von Menschenhand Erzeugte selbst unsichtbar ist? Unsichtbar und tödlich. Und wie stellt man etwas in Vitrinen und Schaukästen aus, das noch immer nicht vorbei ist?

Unter den Liquidatoren, deren Aufgabe es war, die Strahlung vor Ort einzudämmen und zu bekämpfen, waren BUS- UND LASTWAGENFAHRER, sie fahren ganz langsam, fast andächtig mit der von der Zivilschutz-Brigade abgetragenen Erde: als befänden sich Leichen auf ihren Ladeflächen, SOLDATEN, die Reinigungs- und Planierarbeiten auf dem Kraftwerksgelände und in der umliegenden Umgebung ausführten, sie waschen die Hauswände, die Dächer, sie waschen: den Wald, BAUARBEITER, die den Sarkophag über dem explodierten Reaktor 4 konstruierten: wie ein Kartenhaus, der Betrieb der anderen Reaktoren darf nicht behindert werden, JÄGER, die beauftragt wurden, die verstrahlten Tiere in der Sperrzone zu erlegen: sie verscharren sie gemeinsam mit den Haustieren, HUBSCHRAUBERPILOTEN, die tonnenweise Sand über dem Reaktor abwarfen, sie installieren Sensoren zur Strahlenmessung in der Ruine, ab jetzt ein neues Wort in ihrer Sprache: »Katastrophendosis«, und die etwa vierzig FEUERWEHRLEUTE, die zu den ersten nach Tschernobyl gerufenen Hilfskräften zählten, sie wussten nicht, ihnen wurde nicht gesagt: auf was sie da ihre Wasserschläuche richten.

Dieses Bild wird ihn noch lange begleiten, schreibt Jakob: Menschen, die mit Wasser versuchen die Strahlung zu bekämpfen. Und jetzt fragt er sich, ob wir nicht etwas verpasst haben, weil wir nie der Freiwilligen Feuerwehr unserer Heimatgemeinde beigetreten sind, und ob es nicht ein schwerer Fehler ist, dass wir dort schon seit Jahren nicht mehr auf die Feuerwehrfeste gehen.

Was er nicht wissen kann: Dass ich oft Stunden auf dem Blog der Freiwilligen Feuerwehr meines Heimatortes verbringe, dass die Berichte über Ehrenurkunden und Funkübungen, dass die Fotos vom Zeltfest und von auf Tischen tanzenden Menschen ein starkes Bedürfnis nach Sesshaftigkeit auslösen in mir, dass ich manchmal träume: von einem Einfamilienhaus mit ein bis zwei Garagen.

ein Museum ohne Eintrittskarten
niemand hier braucht Science-Fiction
die Menschen haben sich
in Astronauten verwandelt
in Staub ihre Tage sind
Mondlandungen ohne Fernsehübertragung

Am 17. November 1970, ein Jahr, nachdem sie das medial viel beachtete Rennen zum Mond gegen die USA verloren hatte, gelang es der Sowjetunion an Bord der Luna 17 zumindest den ersten ferngesteuerten Rover auf den Mond zu befördern. An dem Geheimprojekt mit dem Namen »Lunachod« hatten sowjetische Ingenieure seit den Sechzigerjahren gearbeitet. Das von einem fünfköpfigen Team gesteuerte Fahrzeug war elf

Monate unterwegs und lieferte in diesem Zeitraum Tausende Fotos von der Mondoberfläche. Als die Wärmeabgabe des radioaktiven Poloniumantriebs auf ein Siebtel gefallen war, fror Lunachod 1 in einer kalten Mondnacht ein. Obwohl der genaue Standort des Rovers jahrelang als unbekannt galt, wurde das Fahrzeug 1993 für knapp 70 000 Dollar versteigert. Der dazugehörige Vermerk im Auktionskatalog lautete: »resting on the surface of the moon«.

So stelle ich mir Jakob in Tschernobyl vor, *resting on the surface of the moon,* in seinem Hotelzimmer mitten in der Sperrzone, und ich denke an das Entwicklungsteam des Lunachods, das nach der Reaktorkatastrophe noch einmal mobilisiert wurde, die meisten von ihnen schon in Pension, dass man sie beauftragt hatte, innerhalb von kürzester Zeit auf Grundlage der Mondfahrtechnik einen Räumungsroboter zu entwickeln, der helfen sollte, Trümmer und Schutt aus dem verstrahlten Gebiet zu entfernen. Dass es die Sowjetunion nicht geschafft hat, den ersten Menschen auf den Mond zu schießen, dass es ihren Wissenschaftlern aber gelungen ist, mondähnliche Bedingungen auf der Erde herzustellen.

Vielleicht wird Tschernobyl irgendwann ein Wallfahrtsort sein. Für Menschen wie Jakob und mich, die eine greifbare, unmittelbare Katastrophe bevorzugen. Die genug haben von einer Welt, die sich vor ihren Augen in eine Sperrzone verwandelt. Für eine Generation, die sich nicht entscheiden kann: zwischen »Fridays for Future« und dem »Jetzt kaufen«-Button auf Amazon.

wir haben Angst: vor Schnee
vor dem Wald Angst vor den Wolken
vor dem Wind vor der Physik
in die wir verliebt waren
wenn die Menschen weg sind vergeht
auch die Zeit anders wenn die Menschen

Ob er mir etwas mitbringen soll, hat mich Jakob vor seiner Abreise gefragt, nur halb im Scherz, jetzt schickt er mir ein Foto von den Artikeln, die sie hier den Touristen andrehen wollen, darunter: Baseball-Kappen, Tassen, Schlüsselanhänger, Kühlschrankmagneten, die im Dunkeln leuchten, Bleistifte, die wie Dosimeter ausschauen, T-Shirts mit vier Ärmeln und dem Aufdruck »My parents were in Chernobyl and all I got was this lousy t-shirt«, Feuerzeuge mit radioaktiven Warnsymbolen, LIMITED EDITION Atomik-Wodka, der mit Getreide aus der Sperrzone hergestellt wird, Postkarten mit postapokalyptischen Motiven: von dem stillstehenden Riesenrad in Prypjat, von einem verrottenden Autoscooter, vom letzten noch existierenden Überhorizontradar, und ich stelle mir vor, wie Jakob seiner Ex eine Karte schickt, wie er schreibt: Let's be toxic again, oder Britney Spears zitiert: *a taste of a poison paradise*.

Und während ich mir vorstelle, wie der Tourguide Jakob erklärt, dass man in Tschernobyl nur das findet, was man selbst mitgebracht hat, dass man von hier nichts mitnehmen kann, was nicht schon vorher ein Teil von einem war, dass Tschernobyl nur eine Art Spiegel ist: mit wie vielen Sprüngen, das ist jedem selbst überlassen, finde ich auf Amazon ein Atomkraftwerk-Quartett, das man auch ganz leicht zum

Trumpfkartenspiel umfunktionieren kann, indem man die unter den AKWs abgedruckten Werte vergleicht: geplante Betriebszeit, Bruttoleistung in Megawatt, hochradioaktiver Müll in Tonnen, Bevölkerung in einem Radius von 50 Kilometern und die höchste Alarmstufe: gemessen in INES, und lege es in meinen Warenkorb.

Die INES-Skala geht von 0 bis 7 und wird verwendet, um die Sicherheit von Atomkraftwerken zu bewerten. Die Stufen 1–3 beschreiben STÖRUNGEN und STÖRFÄLLE, während die Stufen 4–7 als UNFÄLLE klassifiziert werden. Vor Fukushima war Tschernobyl der einzige Vorfall, der mit einer 7 bewertet wurde. Ich überlege kurz, Jelena die Skala zu schicken, sie zu fragen, in welche Kategorie wir ihrer Meinung nach fallen, ob wir eine 4 sind: *accident with local consequences*, vielleicht eine 5: *accident with wider consequences*, oder doch schon eine 6: *serious accident*. Und wie auch beim Trumpfkartenspiel würde sich die Frage aufdrängen: Was sticht? Eine hohe oder eine niedrige Zahl? Ich schicke Jakob den Link und frage ihn, ob er eine Ines kennt.

Dessen Reisegruppe erreicht gerade die nächste Station der Tour: eine verlassene Schule in Prypjat. Jakob schreibt, er wird den Gedanken nicht los, in einer Kulisse zu stehen, dass manche der Gegenstände extra drapiert worden sind: für die Touristen, eine Gasmaske zum Beispiel in einem der Klassenzimmer oder der kaputte, zerdrückte Globus in der Mitte des Schulhofs oder die unfertigen Bastelarbeiten der Kinder. Einerseits der Eindruck, als könnte jederzeit die Schulglocke läuten und die Kinder würden einfach weiterbasteln, als wäre nichts passiert. Andererseits das Gefühl, dass alles erst geschehen wird: die Explosion, das Feuer, die Evakuierung, dass das, was er sieht, nur eine Ahnung ist von etwas, das uns noch bevorsteht. Sie verkaufen uns die Apokalypse, schreibt Jakob, und wir geben großzügig Trinkgeld.

die Sperrzone als Magnet
wir stehen vor einer Kulisse
die Belichtung kaputt alle Fotos verwackelt
haben die Apokalypse im Sonderangebot gekauft
warum sind wir zum Mond geflogen?
weil der da war (siehe: Mount Everest)

Das ist keine Welt, schreibt Jakob, in die er Kinder setzen wird. Und egal wie viele Fotos er mir schickt, egal wie viel ich über den Ort lese, Tschernobyl kommt mir tatsächlich immer mehr wie ein Märchen vor. Dann denke ich an die Äpfel in Prypjat, die dort hängen wie verbotene Früchte, jederzeit bereit eine Prinzessin zu vergiften. Ja, Tschernobyl ist ein gläserner Sarg, in den wir uns hineinlegen könnten.

Die Menschen, die regelmäßig zu Fuß und ohne Tourguide die Sperrzone betreten, nennen sich selbst »Stalker«. Für sie ist Tschernobyl der schönste Ort der Welt. Dort füttern sie wilde Füchse, trinken Wasser aus den Nebenflüssen des Prypjat und den mitgebrachten Wodka: *ein Picknick am Wegesrand*. Sie gehen nach Tschernobyl, wenn ihr Alltag wieder einmal zu laut, zu schnell geworden ist. Dort finden sie eine Stille, die in den Ohren drückt. Eine Geschwindigkeit, die ihre Organe nicht belastet. Tschernobyl ist der Ort, an dem sie für ein paar Tage nicht funktionieren müssen.

Und vielleicht ist das die Lösung, denke ich, Jakob kommt wieder mit Marta zusammen oder lernt eine Ines kennen, und ich frage Jelena, ob sie uns begleiten will, dann ziehen wir zu viert nach Tschernobyl, hängen über die an den Leinen schwarz gewordene Wäsche unsere eigene und befestigen Hängematten zwischen den Antennen des Überhorizontradars, es wiegt uns im Takt eines Spechts in den Schlaf, und wir leben dort im Exil, bis wir unfruchtbar geworden sind, die letzte Generation Tschernobyl-Kinder, bis wir das Ticken in uns drinnen nicht mehr hören. Und werden zu Menschen: mit anderen Temperaturen.

WIR HABEN
AUFGEHÖRT UNSERE
ESKALATIONSSTUFEN
ZU ZÄHLEN

DA IST EIN
CHEMIEBAUKASTEN
WO DU AUFHÖRST
UND ICH BEGINNE

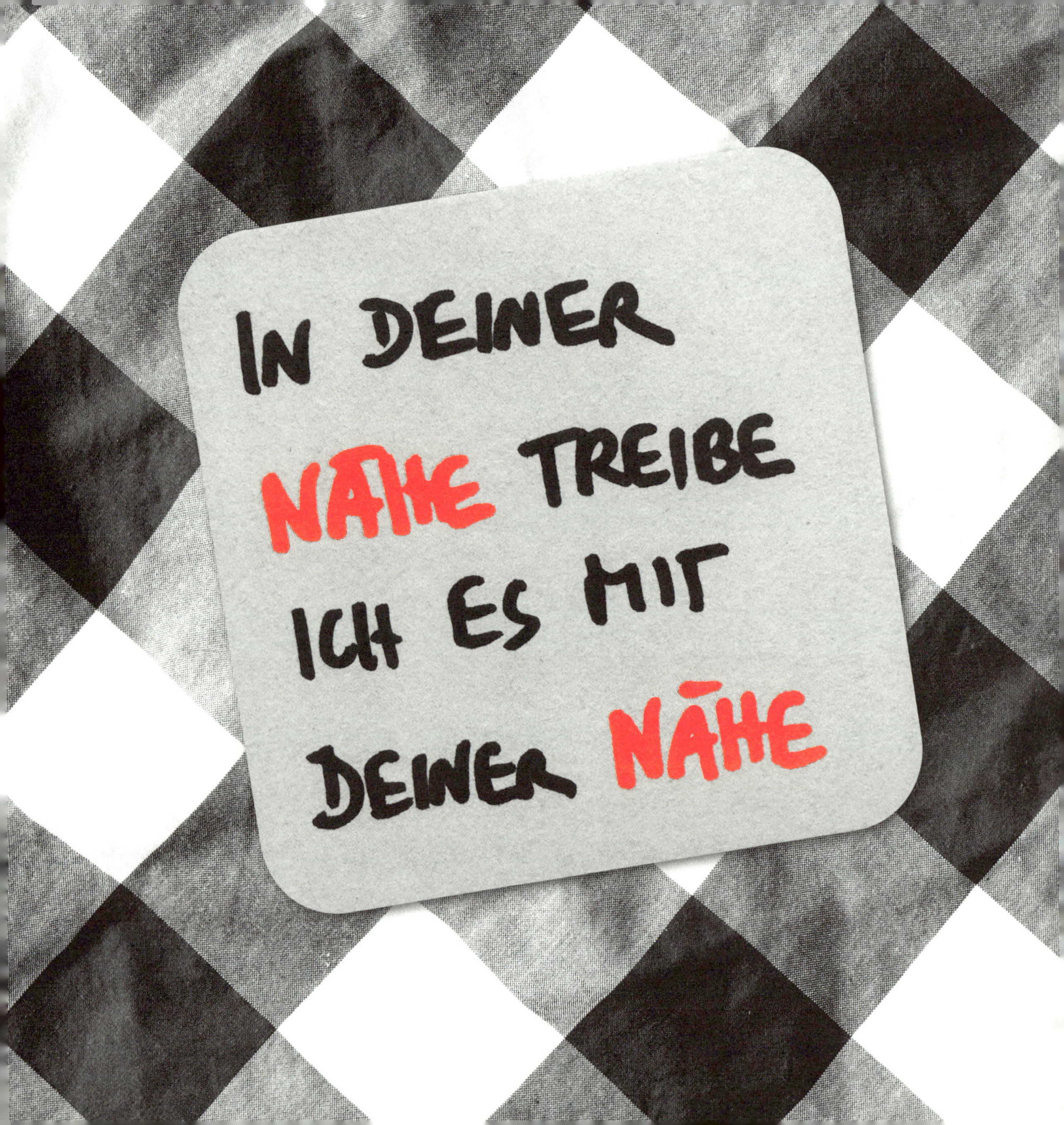
IN DEINER
NÄHE TREIBE
ICH ES MIT
DEINER NÄHE

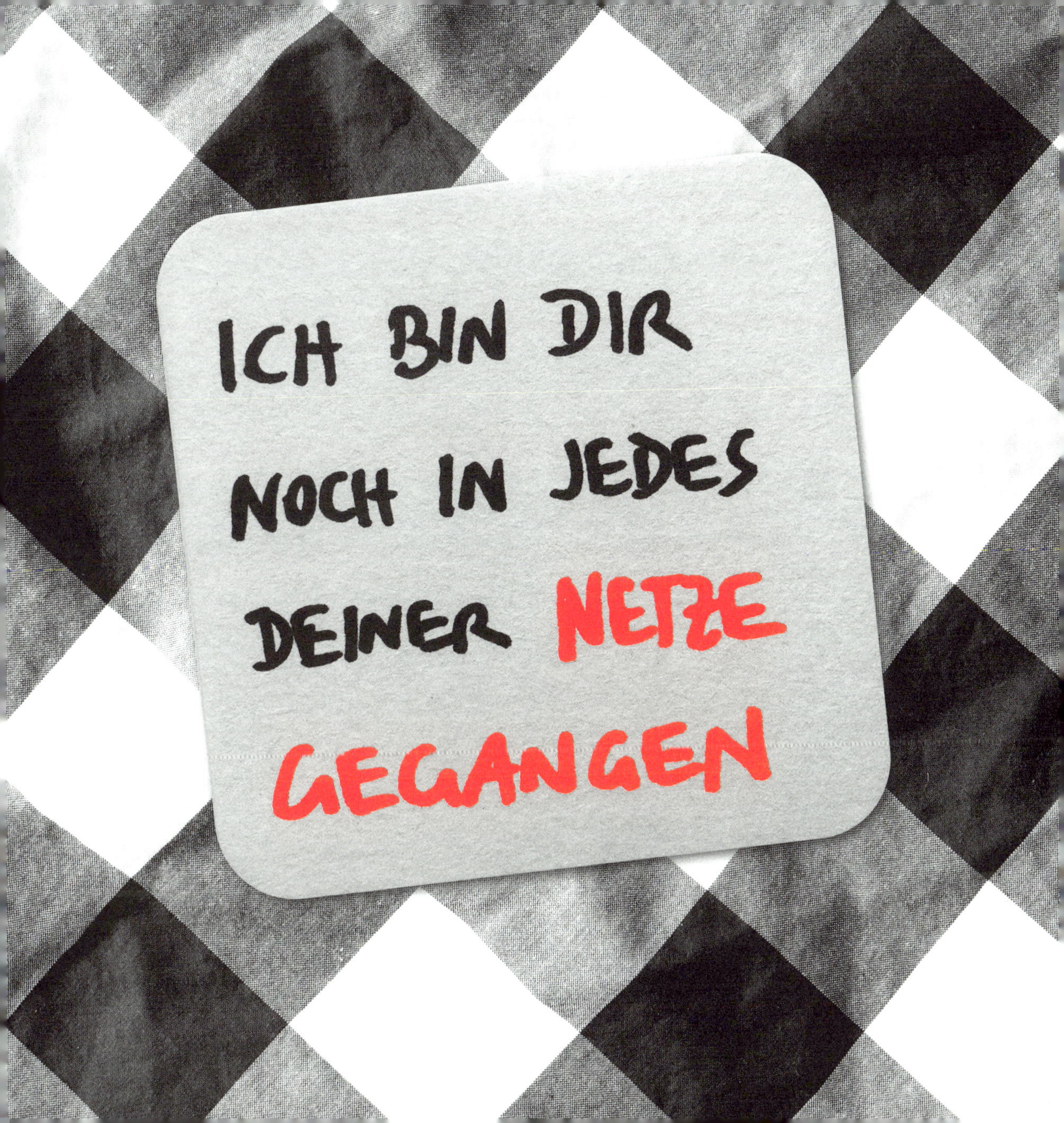
ICH BIN DIR
NOCH IN JEDES
DEINER NETZE
GEGANGEN

BEIM WORT
KLEBSTOFF
DENKE ICH
AN DEINE HAUT

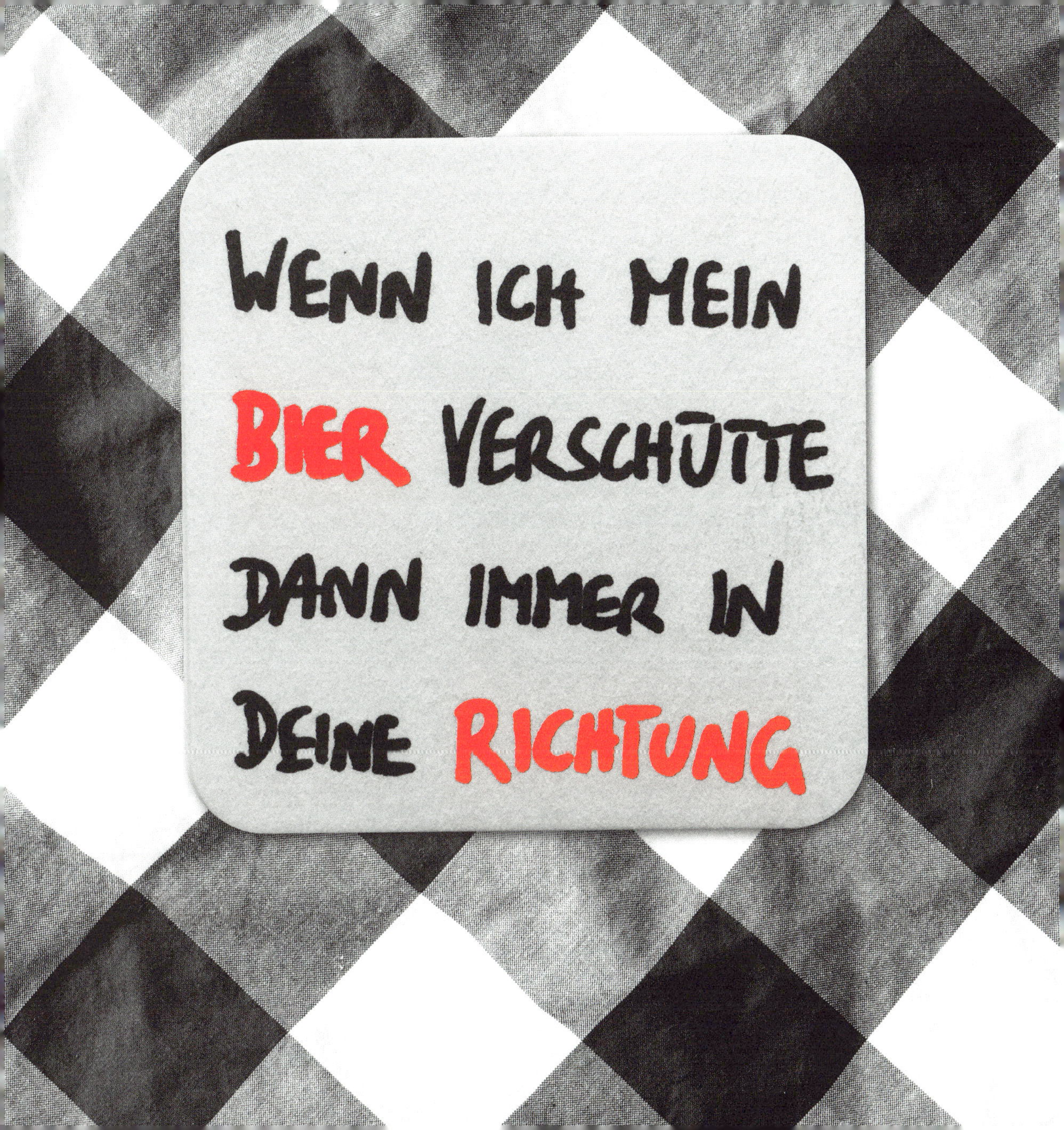
WENN ICH MEIN
BIER VERSCHÜTTE
DANN IMMER IN
DEINE RICHTUNG

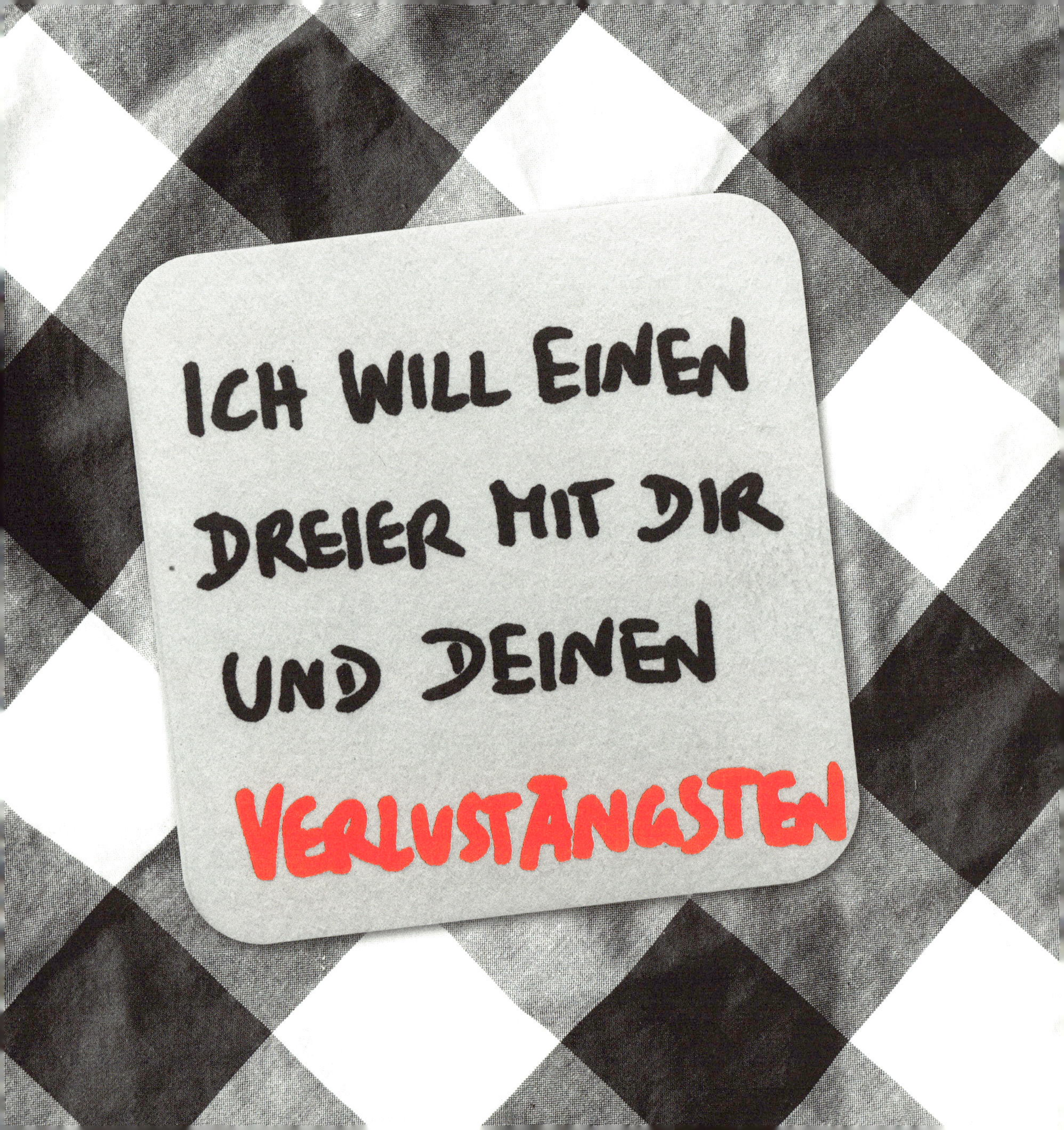
ICH WILL EINEN
DREIER MIT DIR
UND DEINEN
VERLUSTÄNGSTEN

WIR LEBEN
FÜR DIE RISSE
IN UNSEREN
KOSTÜMEN

MIT DIR
WIRD JEDE
LIFTFAHRT ZUR
MONDLANDUNG

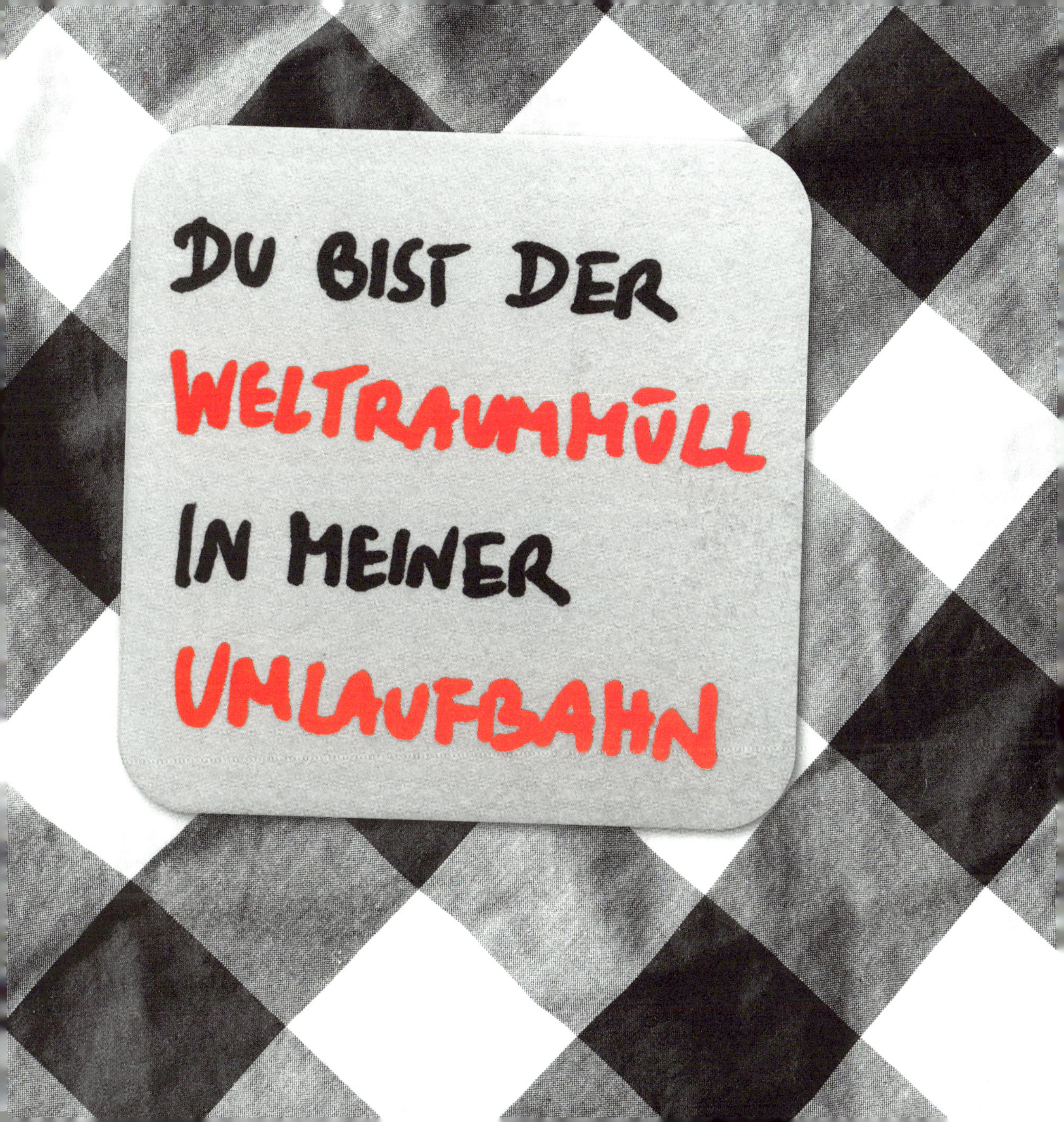
DU BIST DER
WELTRAUMMÜLL
IN MEINER
UMLAUFBAHN

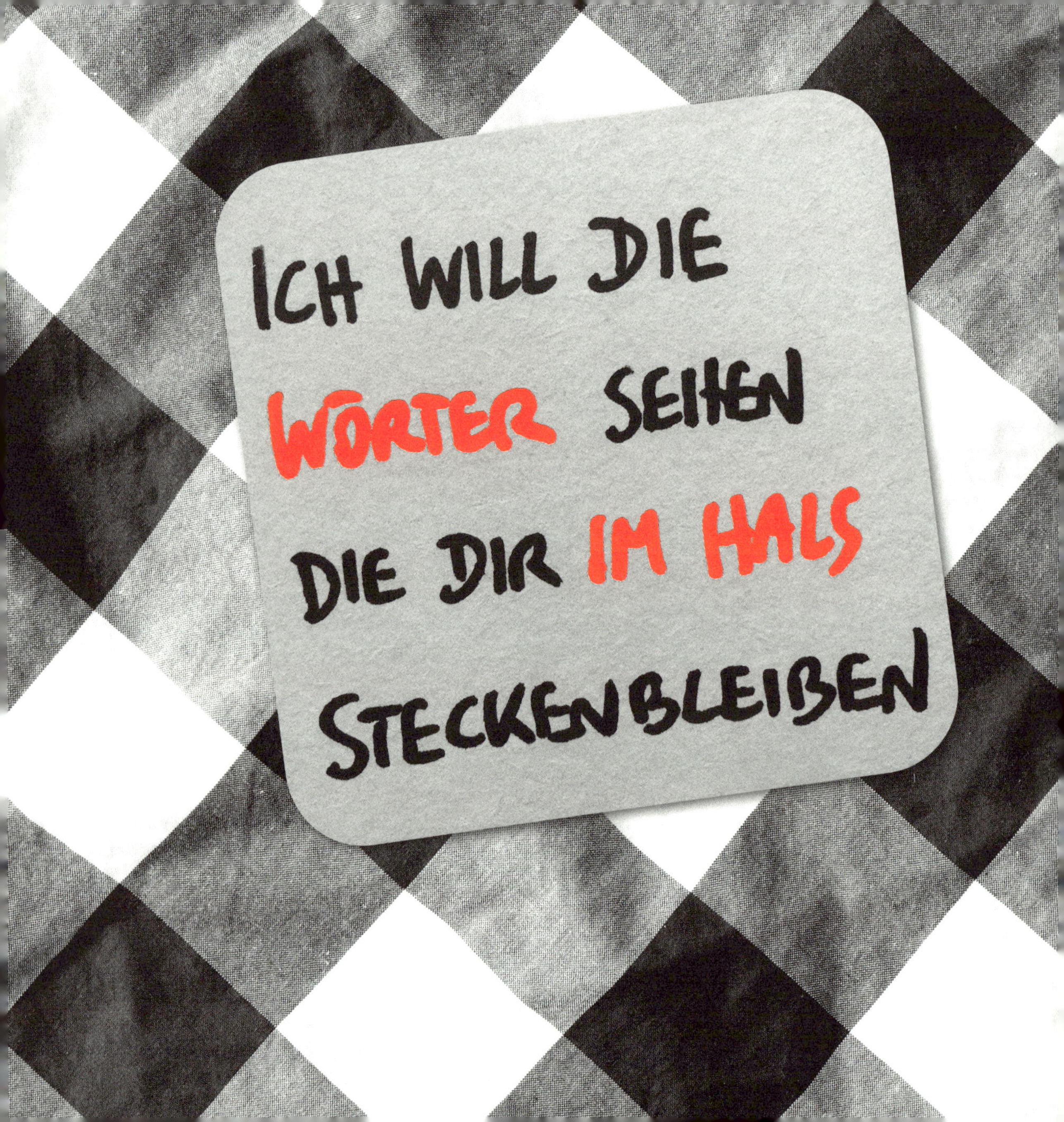
ICH WILL DIE
WORTER SEHEN
DIE DIR IM HALS
STECKENBLEIBEN

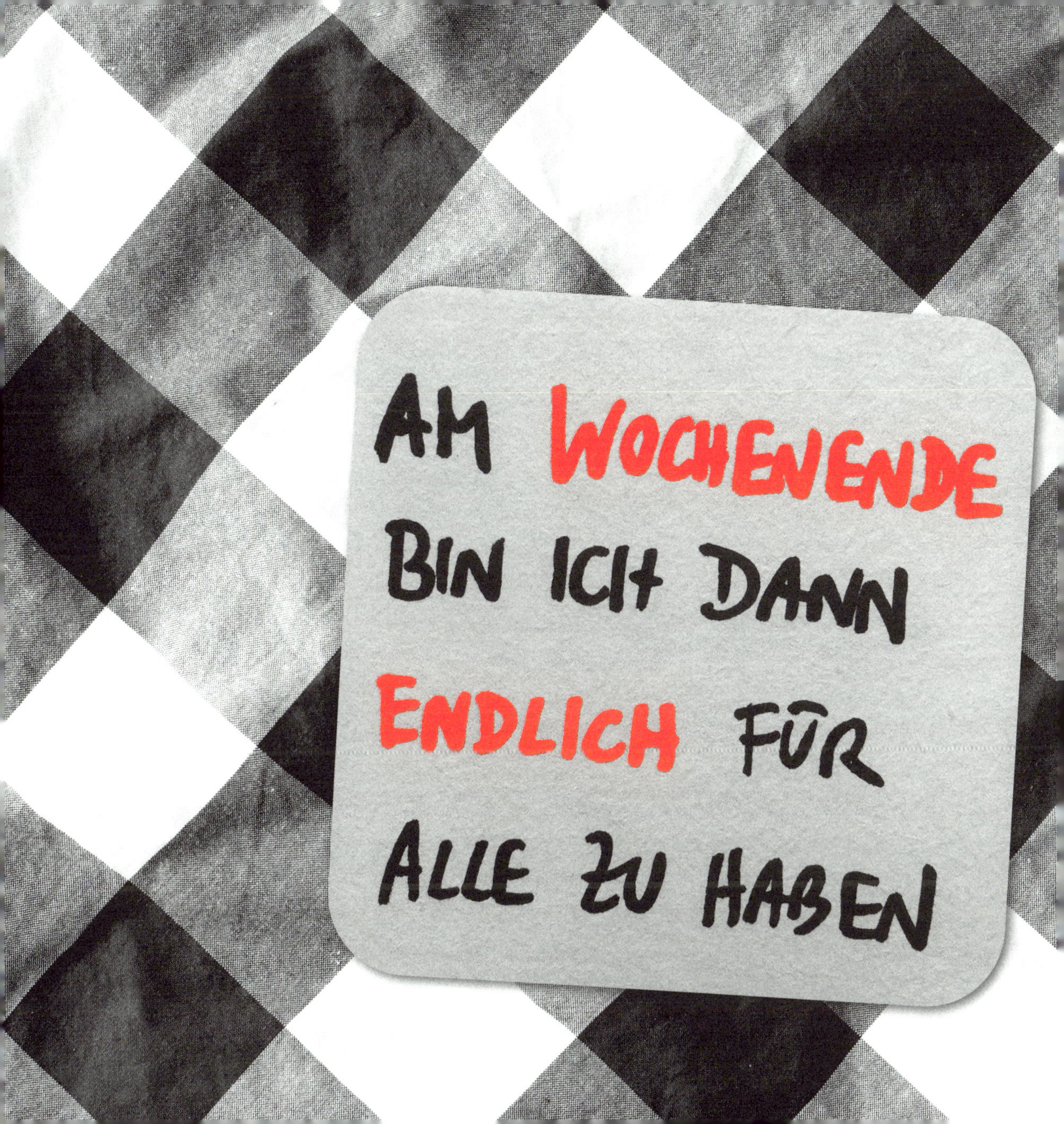
AM WOCHENENDE
BIN ICH DANN
ENDLICH FÜR
ALLE ZU HABEN

VON ZWEI OPTIONEN
BIN ICH
IMMER DIE
SCHLECHTESTE

WIE VIEL KOSTET
DER MOND UND
PASST ER DURCH
DEINE HAUSTÜR?

HIER ENDET
DER TEXT
HIER BEGINNT
DAS VERHÖR

Schalko und Pichler: Staffel 2

S2/E1: IN GUTEN WIE IN SCHLECHTEN ZEITEN

Das Schrankenziehen bei einer Hochzeit im Waldviertel eskaliert. Es gibt mehrere Tote. Nachdem Schalko und Pichler den Tatort gesichert haben, trinken sie die Reste aus den noch halb vollen Schnapsgläsern. Die Hochzeit wird auf das nächste Wochenende verschoben.

S2/E2: ALPHA UND OMEGA

Schalko hört die Steckdosen, am lautesten, am deutlichsten in der Nacht. Sie weiß: Wenn sie den Fall lösen will, muss sie ihre Sprache lernen.

S2/E3: CHRISTMAS SPECIAL

Dass Schalko und Pichler Weihnachten getrennt voneinander verbringen, hält die Therapeutin für einen Fehler.

S2/E4: WIE SCHNEE FUNKTIONIERT

Jetzt sind wir so alt, sagt Schalko, und streckt ihre rechte Hand aus dem Autofenster, ganz flach, als würde sie ein Tier füttern wollen, und wissen noch immer nicht, wie Schnee funktioniert.

S2/E5: WAHLKAMPF

Jemand hat einen Bot programmiert, der Sexting-Nachrichten vom E-Mail-Account des Bundeskanzlers verschickt. Seine Umfragewerte steigen über Nacht. Schalko und Pichler werden von dem Fall abgezogen, die Ermittlungen eingestellt.

S2/E6: RUSSIAN DOLL

Schalko träumt, dass sie sich in eine Matroschka verwandelt. Sie ruft Pichler an, der eine halbe Stunde später in ihrem Schlafzimmer sitzt, ihr dabei zusieht, wie sie zuerst die äußerste, dann die nächste Schicht abstreift und so weiter, der ganz erstaunt ist, wie viele Schalkos in einen Körper passen.

S2/E7: URSACHE UND WIRKUNG

Warum Schalko Pichler blind vertraut? Weil er auch vor der Endstation den Halteknopf drückt.

S2/E8: DIE ABWESENHEIT VON LICHT

Die Therapeutin spürt: Da ist ein schwarzes Loch in Pichler. In dessen Nähe die Zeit anders vergeht.

S2/E9: PALIMPSEST

Eine Gruppe Jugendlicher findet Dutzende Leichen in einer verlassenen Schottergrube. Pichler geht allen Hinweisen nach: Es war der Kranfahrer. Es war Schalkos Vater. Es war der Zwillingsbruder des Bürgermeisters. Eine Theorie führt zur nächsten, alle Spuren zurück zu der einen Nacht, in der der Strom ausgefallen ist.

S2/E10: ZUFÄLLE

Pichler sitzt im Wirtshaus und notiert, was er bis jetzt herausgefunden hat. Als ihm das Papier ausgeht, schreibt er auf Bierdeckeln weiter. Als der Wirt ein frisches Bier bringt und auf einen der Deckel stellt, löst er versehentlich und von Pichler unbemerkt den Fall.

S2/E11: BITTE NICHT STÖREN

Die Tapeten in Schalkos Hotelzimmer lösen sich ab. Dahinter kommen mysteriöse Zahlen- und Buchstabenkombinationen zum Vorschein. Sie versucht die ganze Nacht, den Code zu knacken. Als sie kurz einnickt und wieder aufwacht, hat das Zimmermädchen gründlich geputzt, auch hinter den Tapeten.

S2/E12: BEWEISMATERIAL

Pichler steckt das Weinglas der Therapeutin, an dem noch ihr Lippenstift klebt, in die Außentasche seines Mantels. Für später.

S2/E13: DER TEST

Schalko müsste eigentlich eine Brille tragen.

S2/E14: EINE FRAGE DER PERSPEKTIVE

Fahr nicht nach Kärnten, schreit Schalko ins Telefon, es ist eine Falle! Aber sie spricht mit der Mailbox, und Pichler ist schon auf der Autobahn.

S2/E15: VERRANNT

Pichler denkt darüber nach, wie oft Schalko die Bettwäsche wechselt. Wie viele Hotelföhns sie schon gestohlen hat. Ob sie eine Monatskarte fürs Hallenbad besitzt. Die Therapeutin sagt, Pichler stellt wie so oft die falschen Fragen.

S2/E16: SANFTE GEWALT

Dieses Jahr im Fasching will sich Schalko als Schneewittchen verkleiden, sie will in einen gläsernen Sarg gelegt werden und von einem Stück Apfel in der Luftröhre sanft in den Schlaf gewürgt werden. Wenn Pichler sie unbedingt küssen will, dann bitte nicht so laut.

S2/E17: EIN KLEINER SCHRITT

Wenn Pichler könnte, er würde Schalko einen Mond vor ihre Wohnungstür legen.

S2/E18: EINE FRAGE DER ZEIT

Wann sie endlich aufhören mit diesem Katz- und Maus-, mit diesem Versteck-, mit diesem Hütchen-, mit diesem Mikado-Spiel will Pichler von Schalko wissen und dreht das Licht ab.

S2/E19: MUNDRAUB

Schalko und Pichler treffen sich bei einem Aussichtspunkt im Burgenland. Warum gerade hier, hat Schalko Pichler nicht verraten. Sie legt einen Zettel auf den Tisch und sagt, dass sie endlich den Code geknackt hat, als ein Windstoß den Zettel wegreißt und in die Weinstöcke hineinbläst. Im selben Moment beginnt es zu schütten. Schalko und Pichler suchen nach dem Zettel, Reihe für Reihe, finden aber nur Rehe, die sich ausnahmsweise streicheln lassen.

S2/E20: QUALITY TIME

Pichler nimmt die Therapeutin mit zur Siebzigerfeier seiner Mutter. Er ist ganz überrascht, dass Schalko auch eingeladen ist. Die Therapeutin und seine Mutter verstehen sich blendend, als würden sie sich schon ewig kennen. Ein paar Stunden später, als die meisten Gäste schon nachhause gegangen sind, tanzen Schalko und Pichler zu Chers *Walking in Memphis* sehr eng miteinander.

S2/E21: FORENSIK FÜR FORTGESCHRITTENE

Schalko nimmt Pichlers rechte Hand und legt sie um ihren Hals. Er drückt zu, zuerst ganz sanft (als würde er im Supermarkt den Reifegrad einer Frucht ertasten), dann fester (als würde er den letzten Rest Duschgel aus der Tube pressen). Es war leichtsinnig, denkt Pichler, keine Handschuhe anzuziehen.

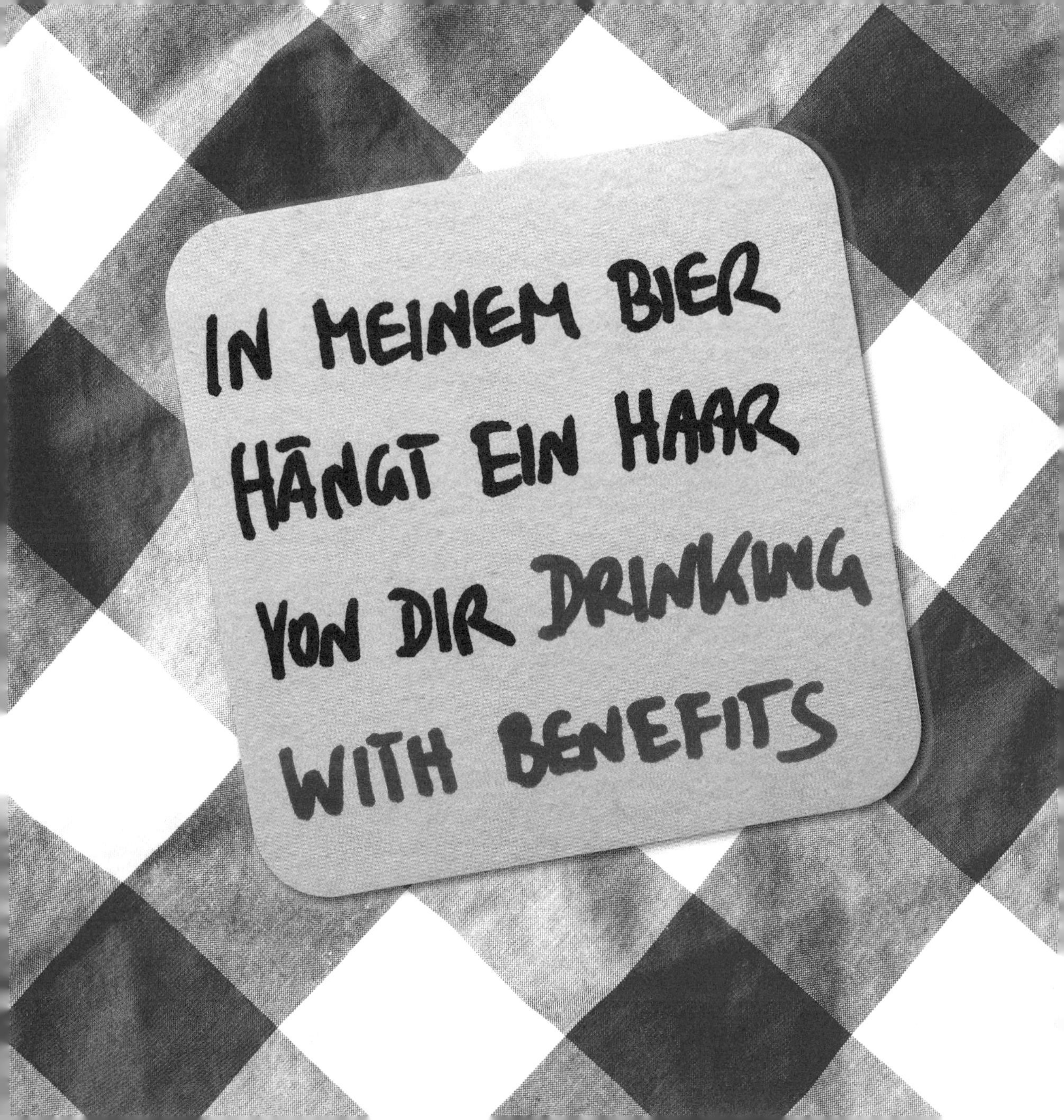
IN MEINEM BIER
HÄNGT EIN HAAR
VON DIR DRINKING
WITH BENEFITS

Die Entdeckung der Lichtempfindlichkeit

Der französische Fotograf Hippolyte Baraduc befasste sich mit der menschlichen Seele, mit ihren Bewegungsabläufen, dem Licht, das von ihr ausgeht. Er behauptete, mithilfe von Fotos Gedanken, Gefühle und die Aura von Menschen sichtbar machen zu können. Es gibt zwei Bilder von Baraducs Frau, die er unmittelbar nach ihrem Tod 1907 aufgenommen hat. Auf dem ersten sind drei überbelichtete Wolken zu sehen, die direkt über dem Sterbebett schweben, auf dem zweiten, dreißig Minuten später entstanden, haben sich diese verdichtet, sie nehmen fast das ganze Bild ein, verdecken das Gesicht der Verstorbenen.

In seinem 1921 erschienenen Buch *The Problems of Psychical Research* spekuliert Hereward Carrington, dass die Seele materiell genug ist, um Licht zu reflektieren. Für ihn sind Baraducs Experimente der Beweis, dass Fotos etwas einfangen können, das wir mit dem bloßen Auge nicht wahrnehmen, dass es Schichten der Wirklichkeit gibt, die nur die Fotografie freilegen kann. Die wahrscheinlichere Erklärung für die geisterhaften Erscheinungen auf den Bildern ist, dass Baraduc die Kameralinse mit kleinen Nadelstichen manipuliert hatte.

The Problems of Psychical Research, denke ich, als ich nach und nach die Fotoalben aus dem zweiten Stock in den ersten hinuntertrage und auf meinem Schreibtisch staple. Meine Mutter hat keine Fragen gestellt, ich glaube, sie weiß, warum ich hier bin. Wir haben diese unausgesprochene Komplizenschaft, wenn es um ihn geht, unser Ritual, zum Beispiel, wenn wir an seinem Todestag telefonieren, wenn wir es vermeiden, seinen Namen auszusprechen, als würden wir sonst einen zweiten Tod, ein zweites Begräbnis riskieren.

Mein erster Geburtstag, auf der Torte steht mein Name. Meine Mutter bläst die Kerze aus, ich mache es ihr nach, mein Vater sitzt einen halben Meter daneben, seine Arme in den Schoß gelegt, das Blumenmuster der Tapete fließt in das Blumenmuster der Vorhänge, in das Blumenmuster der Tischdecke, der Blick meines Vaters auf die Kerze gerichtet. Ich will wissen, was er sich gewünscht hat.

Ich versuche die Alben chronologisch zu ordnen. Das hier ist keine Suche nach dem toten Vater, es ist eine FAHNDUNG. Ich fahnde nach über zehn Jahren noch immer nach dem, was er gewesen ist für mich: eine auf keiner Landkarte eingezeichnete Umgebung. Ich werde ihn zerlegen wie eine Schaufensterpuppe, werde ihn in meine Erinnerungen hineintragen und dort wieder zusammenbauen, ihn entsprechend einkleiden. Ich ziehe ihm seine alte Bundesheerjacke an und wieder aus, ich ziehe ihm seinen Hochzeitsanzug an und wieder aus, drehe an den Knöpfen wie auf der Suche nach einem Radiosender, die Reißverschlüsse schnappen nach meinen Fingern.

Was mich seit dem Tod des Vaters beunruhigt: dass meine Haare, die Haare meiner Mutter, die Haare meiner Schwester einfach weiterwachsen. Um wie viel schneller mein Bier leer wird. Oder wie sich alles dehnt in der Nacht, wenn sich die Schatten in Hände verwandeln, wenn die Schatten nach Messern greifen. Du weißt, ich glaube nicht an Gespenster, aber.

Es sind die letzten Augusttage, die Nachbarn mähen ihre Rasen, die Nachbarn holen die Kärcher, die Griller aus ihren Garagen. Ich ärgere mich, dass meine Mutter kein Bier eingekühlt hat, ärgere mich, dass sie da, nicht mit meiner Schwester nach Wien gefahren ist, ich höre ihre Schritte im Stockwerk über mir, jedes Geräusch reißt mich aus meinen Gedanken, sie weiß nicht, dass ich hier mit dem Skalpell arbeite, dass ich nicht abrutschen darf.

Ein Tag im Spätfrühling, die Wiese hinter unserem Haus, der Weichselbaum blüht, meine Schwester und ich auf einem Stapel Holz, ich imitiere die Pose meines Vaters, der leicht versetzt hinter uns steht, mein Vater, der sich auf die Axt in seiner rechten Hand stützt, der seinen linken Fuß auf einen der Baumstämme abgestellt hat, als hätte er einen ganzen Wald erlegt.

Ich drehe die Musik lauter, *it's a terrible love and I'm walking with spiders*, schlage das nächste Fotoalbum auf. Mein Vater war ein windfreier Kran, ein voller Mond, ein Sprengschein. Als Kind hatte ich keine Angst davor, alleine in den Keller, alleine in den Wald zu gehen, weil das die zwei Orte waren, die ich als Antwort bekam auf meine Frage: Wo ist der Papa? Ich denke an Jakob, der mir erklärt hat, dass die Menschen in Österreich aus genau drei Gründen in den Keller gehen: um Bier zu holen, um einzuheizen, um sich umzubringen. Dass sie aus drei Gründen in den Wald gehen: um Holz zu machen, um Schwammerl zu suchen, um sich aufzuhängen, *but I won't follow you into the rabbit hole*.

In Roland Barthes' *Die helle Kammer* lese ich, dass die Menschen vor der Erfindung der Fotografie am meisten von der Erscheinung des Doppelgängers fasziniert waren, dass niemand je etwas anderes sei als die Kopie einer Kopie, denke an das Begräbnis, als mich die Trauergäste mit einer jüngeren Version meines Vaters verwechselt haben, als ich im Wirtshaus von Tisch zu Tisch gegangen bin, das Gesicht vom Vater, die Hände von der Mutter, *ich werde wirklich zum Gespenst*.

Es sind nur ein paar Kilometer in den Wald, den mir mein Vater vererbt hat, der jetzt mir und meiner Schwester gehört, ich betrete ihn mit dem Gefühl, als müsste da etwas warten auf mich, eine Antwort zum Beispiel, aber da ist nichts, nur ein Specht, der das tote Holz einer Birke bearbeitet. Was ich im Wald gemacht habe, will meine Mutter wissen, als ich wieder zurück bin, ich taste nach dem Bier im Kühlschrank, hoffe, dass es schon kalt genug ist.

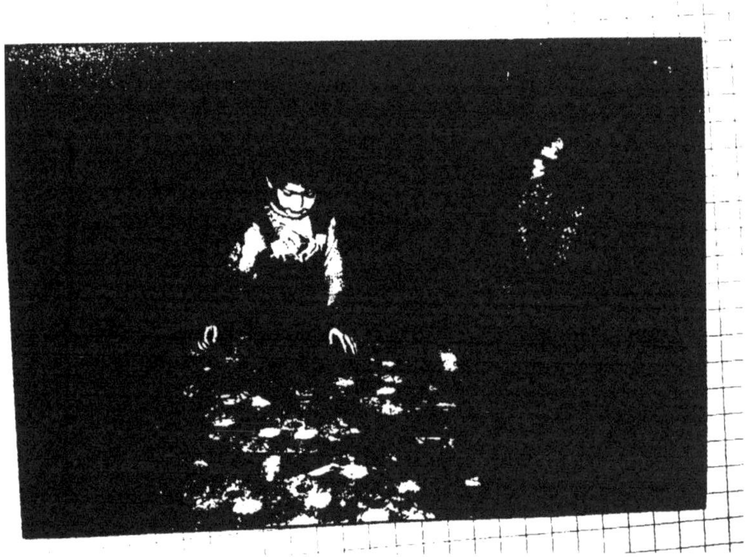

Mein Vater und ich im Wohnzimmer, im Hintergrund der von der Mutter aufgeputzte Christbaum, wir spielen am Boden mit einer Autorennbahn, haben eine Strecke gebaut mit zwei scharfen Kurven und einer Brücke, wenn man genauer hinsieht, erkennt man, dass die beiden Autos genau in diesem Moment einen Unfall bauen, dass mein Auto in das Auto des Vaters kracht, weil die Fahrbahn nicht breit genug ist, um auszuweichen.

In dem Dialekt, mit dem ich aufgewachsen bin, gibt es keine Form für ICH LIEBE DICH, nur Annäherungen, vielleicht gibt es in dem Dialekt, mit dem ich aufgewachsen bin, auch das entsprechende Gefühl nicht, nur Annäherungen. Ich könnte meiner Mutter sagen, dass ich sie liebe, ich könnte sie fragen, ob der Tod meines Vaters, ob der Tod ihres Mannes auch für sie die Jahreszeiten kaputt gemacht hat, ob die Schlafzimmertür sich auch für sie in ein Friedhofstor, der Raum dahinter in eine Leichenhalle verwandelt hat, könnte sie fragen, wie sie hier leben kann, wie sie unter dieser unsichtbaren Staubschicht noch Luft bekommt, stattdessen sage ich, dass mir das Essen geschmeckt hat.

Meine Familie, denke ich beim Betrachten der Fotos, ist zusammengeschüttet aus Getränken, die man besser nicht mischen sollte, aber wir trinken alles, was uns in die Hand gedrückt wird. Unser Haus wird immer mehr zu einem Museum, nein: zu einer Deponie für die Besitztümer der Verstorbenen, aber wie soll ich das meiner Mutter, wie soll ich das meiner Schwester beibringen, dass das der Grund ist, warum ich es nicht länger als drei Tage bei ihnen aushalte, dass sie sich trennen müssen von den Reliquien, dass sie die Skelette, die Anatomiemodelle rausstellen müssen an den Straßenrand, damit die Müllabfuhr sie mitnimmt.

Vielleicht beneide ich sie auch, weil sie es sind, die dieses Museum kuratieren, weil sie diese Deponie verwalten, ich nur ein Besucher bin, der die Anordnung der Ausstellungsstücke, der die Anordnung einer natürlich gewachsenen Halde hinterfragt. Die Griechen, lese ich bei Barthes, betraten das Reich der Toten rückwärts, ich betrete mein Elternhaus meistens über die Garage, durch den Keller, fast nie durch die Haustür.

Mein Vater mit siebzehn oder achtzehn in einem Wirtshaus, auf dem Tisch stehen leere Weinflaschen, leere Gläser, der zweite Mann auf dem Foto, ein Freund vielleicht, hat sich zurückgelehnt, er liegt mit geschlossenen Augen in seinen Armen, mein Vater hält ihm eine Bierflasche an die Lippen.

Ein Foto, lese ich bei Susan Sontag, *gilt als unwiderleglicher Beweis, dass ein bestimmtes Ereignis sich tatsächlich so abgespielt hat*. Die Alben sind voll mit datiertem und undatiertem Beweismaterial, die darauf abgebildeten Personen gleichzeitig präsent und abwesend. Jede Auseinandersetzung mit Fotos der Versuch, mit einer anderen Wirklichkeit Kontakt aufzunehmen und diese für sich zu beanspruchen. Die Bilder als Ausschnitt von Raum, als Ausschnitt von Zeit, und ich: Ich mache Inventur. *Menschen fotografieren heißt ihnen Gewalt antun*, schreibt Sontag, *indem man sie so sieht, wie sie sich niemals sehen, indem man etwas von ihnen erfährt, was sie selbst nie erfahren*, sich an Menschen erinnern heißt ihnen Gewalt antun, denke ich, *es verwandelt Menschen in Objekte, die man symbolisch besetzen kann.*

Es gibt fast keine Fotos, auf denen mein Vater alleine drauf ist, und wenn, dann ist da immer auch noch ein Tier: ein Hund, eine Katze, ein Pferd, ein Reh, es gibt nur wenige Aufnahmen von ihm, die vor meiner Geburt entstanden sind, noch weniger aus der Zeit, bevor er meine Mutter kennengelernt hat. Vielleicht bilde ich mir das ein, aber je später die Fotos aufgenommen worden sind, desto weniger Platz nimmt mein Vater auf ihnen ein, als hätte er sein Verschwinden jahrelang vorbereitet. Ich muss aufhören, denke ich, über meinen Vater zu reden, als wäre er ein Zauberkünstler.

Ich sollte ein Pause machen, ich könnte eine Runde durchs Dorf gehen, vielleicht die dritte Staffel *Schalko und Pichler* schauen, könnte Jakob anrufen, aber ich habe Angst, dass mein Vater aufhört zu existieren, wenn ich das Fotoalbum zuklappe, die Augen wieder auf die Welt außerhalb der Fotos richte, dass er, wenn sich meine Pupillen auf die Lichtverhältnisse abseits der Momentaufnahmen eingestellt haben, noch einmal stirbt, dass er nicht gelebt hat, ohne die Fotos.

Mein Vater und ich im Bett meiner Eltern, ein Schnuller in meinem Mund, der Stofftier-Affe, der mir aus den Fingern geglitten ist, den meine Finger noch ganz leicht berühren, die Hand meines Vaters auf der Tuchent, eine Hand, die vielleicht nach mir greift, wir schlafen, auf dem Nachtkästchen der Wecker, ich kann die Uhrzeit nicht entziffern, daneben ein Buch mit Gute-Nacht-Geschichten.

Das Gedächtnis, hast du mir einmal erklärt, reduziert die Welt auf Vierecke, auf Ausschnitte, die nie wieder ein Ganzes ergeben können. Ich schaue die eigene Kindheit an wie die Wiederholung einer Naturdokumentation im Fernsehen, und mein Vater kommt nur ganz selten ins Bild, ich muss immer wieder zurückspulen, die Pause-Taste drücken, ihn einfangen in verschwommenen Standbildern. Ich brauche noch mehr Bier, ich gehe in den Keller.

Die Fotos sind übersät mit spitzen Gegenständen. PUNCTUM nennt Barthes das Element in einem Foto, das aus dem Zusammenhang ausbricht, wie ein Stich, der beim Betrachter ein kleines Loch hinterlässt, einen kleinen Schnitt. Ein Foto von der Hochzeit meiner Eltern, ihr erster Tanz, und mein Blick bleibt nicht am Schleier der Mutter, nicht an der Ansteckblume des Vaters, mein Blick bleibt an der Uhr hängen, es ist fünf vor halb acht, es STICHT. Ein Foto von den Eltern vor meiner Geburt, sie sitzen auf dem Sofa, sie prosten in die Kamera, aber ich sehe nur die Flasche Schremser-Bier, die vor ihnen auf dem Tisch steht, das rote Logo, es STICHT. Ein Foto von der Geburtstagsfeier meiner Mutter, wir feiern in der Garage, mein Vater steht vor der Werkbank, wo die noch verpackten Geschenke liegen, er wirft einen Schatten auf meine Schwester in einem Goofy-T-Shirt, es STICHT.

Ich habe geträumt, erzähle ich Jakob, als wir am Abend telefonieren, dass ich meinen Vater verhafte, dass ich ihm die Hände hinter seinem Rücken zusammenbinde und mit einem alten elektrischen Rasierer seine Konturen abfahre, bis der Strom ausfällt. Dass er als Kind Angst vorm Dunkeln hatte, sagt Jakob, bis ihm seine ältere Schwester erklärt hat, dass es in seinem Körper drinnen noch finsterer ist, dass die Dunkelheit ein Teil von ihm ist, ein eigenes Organ. Ich lege auf, schalte die Schreibtischlampe ein und beuge mich über die Fotoalben, in die Schatten hinein.

Mein Vater in der Wiese knieend, im Hintergrund der Hof meiner Großeltern, im Hintergrund das Auto meines Onkels, mit seinem rechten Arm hält er den Hund der Nachbarn fest, mit seiner linken Hand eine Katze. Beide Tiere versuchen zu entkommen, aber für den Moment gehören sie ihm. Die Wäscheleine, die zwischen Apfelbaum und Dachrinne gespannt ist, teilt das Foto in zwei ungleiche Hälften, die Wäscheleine trennt den Kopf meines Vaters vom restlichen Körper.

Beim Frühstück fragt meine Mutter, wie es dir geht, sie will wissen, was mit Jelena ist, ob Jakob wieder eine Freundin hat. Ich sage ihr, dass es dir gut geht, erzähle ihr nicht von den Dosimeter-Ringen, die ich in meinen Amazon-Einkaufswagen gelegt habe, für den Fall, dass sich Jelena wieder bei mir meldet, und dass es schwer ist zu sagen, wie viele Freundinnen Jakob hat, ich schätze drei, meine Mutter lacht, meine Mutter schüttelt den Kopf.

Zurück am Schreibtisch frage ich mich, warum ich so wenig über meinen Vater weiß, warum mir das Wenige so wichtig erscheint. Vielleicht ist diese Recherche auch nur der Versuch, mir eine Entschuldigung zu basteln, warum ich mich nicht mehr für ihn interessiert habe, solange er noch gelebt hat, warum ich ihn nie gefragt habe, wie es ihm geht. Einige Kulturen kennen die Technik der DELAYING SADNESS, der aufgeschobenen Trauer, in Österreich wird sie abgedreht wie ein Zapfhahn. Meistens sind die Kinder die Ersten, die beim Leichenschmaus im Wirtshaus aus der Rolle der Trauernden fallen, ihre Spiele fortsetzen, und die Erwachsenen folgen ihnen wenig später, das Bier schmeckt wie immer, das Bier versichert uns, dass es schon irgendwie weitergehen wird.

Im Nebenzimmer finde ich ein Puzzle, an dem meine Schwester anscheinend gerade bastelt, gleich daneben eine Packung Fix Puzzle Kleber, *lassen Sie den Kleber drei Stunden lang trocknen, dann sind die Teile miteinander verbunden*, lese ich, *wenn Sie es wünschen, können Sie die Teile wieder vorsichtig voneinander trennen*, ich würde gerne wissen, was mein Vater als Kind gespielt hat und mit wem, denke daran, dass mein Vater beim Schnapsen immer sagen konnte, wann es genug war, aber nicht beim Trinken, will wissen, ob er noch einen Unterschied, ob er uberhaupt noch die Welt um ihn herum geschmeckt hat. Ich steige auf den Dachboden, öffne die Kiste mit den Lego-Steinen und beginne zu bauen: einen Bagger, einen Kran, eine Grube. Ich schicke dir ein Foto von zwei Lego-Figuren im Raumanzug, *this could be us but*, schicke dasselbe Foto auch Jelena.

Mein Vater mit Anfang zwanzig auf einem Zeltfest, er hält das Glas höher als alle anderen am Tisch, sein Bier ist schon fast wieder leer. Sie singen den Text zu einem Lied, an das sich niemand mehr erinnern kann.

Ich will mich aufmachen, die kleinste, gemeinsame Verletzung, die Einordnung eines Verlustes, *will mich aufmachen*, die Reste eines bewohnbaren Körpers, eine Marionette, mit der niemand mehr spielt, *will mich aufmachen*, der festgestapfte Schnee, ein Stromausfall im Winter, *will mich aufmachen*, was machen die Organe, wenn wir wegschauen, *will mich aufmachen*, die sichtbaren Momente von Licht, jedes Staubkorn auf der Linse ein unentdeckter Planet, *will mich aufmachen*, sag mir, welcher Todestag entsperrt dein Handy, *ich will mich aufmachen und zu meinem Vater gehen*.

Fotografie, steht bei Barthes, arbeitet oft mit der bewussten Ausnutzung bestimmter Defekte: Doppelbelichtung, Randauflösung, Unschärfe, Verzerrung der Perspektive, *alles, was sich innerhalb des Rahmens abspielt, stirbt vollständig, sobald es diesen Rahmen überschreitet*, dass es die Chemiker waren, die die Fotografie erfunden, die erkannt haben, dass man die von einem abgestuft beleuchteten Objekt zurückgeworfenen Lichtstrahlen einfangen kann.

Es gibt Fotos von der Fünfzigerfeier meines Vaters, auf der er aus heiterem Himmel die Verwandten umarmt, man sieht ihre Irritation, weil wir aus einer Familie kommen, die gelernt hat, ohne Umarmungen, ohne Berührungen zu funktionieren. Dass er nicht mehr derselbe war, erinnere ich mich an die Worte meiner Mutter ein paar Wochen nach dem Begräbnis, dass sie ihn nicht wiedererkannt hat. Je näher ich den Fotos komme, je mehr ich sie vergrößere, desto mehr löse ich sie auf, desto mehr zerstückle ich sie, bis nur mehr austauschbare Pixel übrigbleiben.

Die Stube meiner Großeltern, ich bin vielleicht drei Jahre alt, sitze auf der Bank, auf der mein Großvater gelegen ist, wenn er ferngesehen hat, auf meinem Schoß ein Hundewelpen, neben mir seine Mutter, die mein Vater streichelt, der Rest von ihm ist abgeschnitten, man sieht nur seine Hand, die nach dem Hund greift, seine Armbanduhr, die verrutscht ist, man sieht die etwas hellere, von der Sonne verschonte Haut darunter.

Ich finde ein Foto, das kurz nach Weihnachten aufgenommen worden sein muss. Mein Vater, meine Schwester und ich sitzen rund um den Wohnzimmertisch, wir spielen NIMMERSATT, mein Vater ist am Zug. Meine Mutter hat das Spiel aufgehoben, ich lese die Anleitung, *Ziel des Spiels: Vier Eichhörnchen sammeln Tannenzapfen, wer als Erster fünfzehn in sein Versteck bringen kann, hat gewonnen*, ich klappe das Spielbrett auf, fahre mit meinen Fingern über die für die Tannenzapfen vorgestanzten Mulden, nehme die Spielfigur, die mein Vater auf dem Foto in der Hand hält, *wer immer nur kräftig auflädt, läuft Gefahr, unterwegs seine Schubkarre ausleeren zu müssen*, ich nehme eine Handvoll Tannenzapfen, lasse alle gleichzeitig fallen, die Schubkarre geht über, das Eichhörnchen kippt.

Meine Mutter sitzt in der Küche, sie blättert in der Zeitung, fragt, ob ich schon weiß, wie lange ich noch bleibe, ob ich schon fertig bin mit den Fotos. Ich gehe zum Kühlschrank, meine Hand greift nach dem Bier, ich stelle die Flasche wieder zurück. Ob es noch nicht kalt genug ist, fragt sie, ich will ihr sagen, dass ich noch lange nicht fertig bin, dass mich an manchen Tagen harmlose, nein: als harmlos getarnte Sätze wie »Am schnellsten wachsen die Birken« aus dem Gleichgewicht bringen, dass ich angefangen habe, Kräne zu fotografieren, jedes dritte Foto auf meinem Handy mittlerweile ein Kran ist. Stattdessen sage ich ihr, wann mein Zug fährt.

Ich erinnere mich an das letzte Weihnachtsfest mit meinem Vater, als meine Mutter mich gebeten hat, den Baum aus der Garage zu holen, weil der Vater schon zu schwach, *neben organischen Schäden an Magen, Herz und vor allem der Leber wird auch das Gehirn beeinträchtigt*, ich frage mich, warum meine Mutter ihn gedeckt hat, warum sie mir nichts, *der Süchtige kapselt sich zusehends ab*, denke an die Massagegutscheine, die er ihr geschenkt hat, *während er zu anderen Zeiten oft geradezu verzweifelt um Nähe, Verständnis und Zuspruch bettelt*, die Haut meines Vaters ist auch meine Haut, *oft verliert der Süchtige sein Interesse an seiner Umgebung*, wo ist der Papa, *Wesensveränderung ist eine der schwerwiegendsten Folgen*, der Papa ist im Keller, *bei circa einem Fünftel aller Suizide spielt Alkoholabhängigkeit eine Rolle*, der Papa ist im Wald.

Meine Mutter und ich am Küchentisch, sie sitzt ganz dicht hinter mir, ihre dunklen Haare fallen auf meine Schulter, ich lese in einem Buch, während sie in die Kamera blickt, die eine Hand auf den Tisch gestützt, die zweite eine Berührung andeutend. Wir sind so klein auf dem Foto, nehmen nur ein Viertel des Bildes ein, das Weiß der leeren Wand verschluckt das Licht, da sind Schatten, die keinen Sinn ergeben, die leere Wand wird auch uns verschlucken.

MEIN HERZ IST
EINE FUNDGRUBE
ALLES LOST
NICHTS FOUND

Pampeliška

Ich stehe im ein wenig abseits vom Hof gelegenen Gemüsegarten meiner Großmutter. Es sieht nach Regen aus. Ich erinnere mich an die Himbeeren und Fisolen, die hier früher gewachsen sind, die ich gemeinsam mit meiner Großmutter geerntet habe. Im dichten Gras, das schon lange niemand mehr gemäht hat, entdecke ich einen Löwenzahn. Pampeliška, wie meine Großmutter die Pflanze mit ihren zwei Gesichtern genannt hat, und ich weiß noch, wie wir die Pusteblumen in den Sommerwind gehalten und den Flugschirmen dabei zugeschaut haben, wie sie abhoben und in eine unbestimmte Himmelsrichtung davongetragen wurden. Manchmal mussten wir nachhelfen, dann pusteten wir gegen die Blütenköpfe, als hätten wir Geburtstag und noch alle Wünsche frei.

Ich bin hier, um meinen Onkel zu besuchen, um gemeinsam mit ihm den alten Schuppen auszuräumen. Stattdessen stehe ich im Gemüsegarten, der kein Gemüsegarten mehr ist, es sieht immer mehr nach Regen aus, und ich denke daran, wie meine Großmutter immer meinen Großvater geschimpft hat, wenn er wieder einmal zu spät nachhause gekommen ist, weil er im Wirtshaus picken geblieben ist, wie er immer gesagt hat, und mein Kinderhirn hat an Sekundenkleber gedacht, an den

Hosenboden meines Großvaters, den jemand, wahrscheinlich der Wirt, an die Holzbank im Wirtshaus geklebt haben muss. Nur ein paar Mal konnte der Großvater sein Zuspätkommen wiedergutmachen, zum Beispiel, wenn er Speck oder Geselchtes beim Zankerlschnapsen gewonnen hatte.

Unweit vom Hof meiner Großeltern, auf dem Weg von Wolfsegg nach Gutenbrunn, steht das »Steinerne Weib«, ein Granitblock, etwa so hoch und so breit wie ein Mensch. Und mir fällt ein, dass mir meine Großmutter einmal die Sage erzählt hat von einer habgierigen Frau, die bevorzugt Witwer um ihr hart verdientes Geld gebracht haben soll, eine Art Heiratsschwindlerin also, und dann durch Gottes Zorn in Stein verwandelt wurde, und dass meine Großmutter gesagt hat, das ist ganz typisch, immer wird den Frauen die Schuld in diesen Geschichten gegeben, dass dieser Blödsinn sicher einem Mann eingefallen ist.

Manchmal erzähle ich, dass ich Achteltscheche bin, wegen meiner Großmutter, weil sie Halbtschechin war, was wiederum meinen Vater zum Vierteltschechen macht und so weiter. Während meiner Studienzeit in Wien habe ich recherchiert, wie viele tschechische Wörter in der österreichischen Sprache stecken: Tuchent, Buchtel, Palatschinke, und auch in Wien war ich ständig umgeben von tschechischen Ausdrücken wie Gschisti-Gschasti, Feschak oder Lepschi. Und erst unlängst habe ich herausgefunden, dass eine meiner Lieblingsserien als Kind, *Der kleine Maulwurf*, in der Tschechoslowakei produziert worden ist.

Manchmal, und meistens ohne Vorankündigung, hat meine Großmutter vom Krieg erzählt und von ihrem ersten Mann, der an der russischen Front gefallen ist. Dann veränderte sich etwas in ihrer Stimme, wie ein plötzlicher Wetterumschwung. Als

Kind konnte ich mir unter einem Wort wie »Flammenwerfer« nur wenig vorstellen, Flammenwerfer kannte ich nur aus Videospielen und ich verstand auch ihre Andeutungen nicht, wenn sie auf Umwegen von Vergewaltigungen während der Besatzungszeit sprach, und dass die Nachbarin von einem Tag auf den anderen keine schönen Kleider mehr trug. Das Wort »Nazis« kam in ihren Geschichten nie vor, das Wort »Russen« sehr oft.

Jetzt wünsche ich mir, ich hätte mehr Fragen gestellt oder die Erzählungen meiner Großmutter aufgeschrieben. Ich hätte mir noch einmal von der Sau berichten lassen, die sie vor den russischen Soldaten verstecken musste, hätte mir noch einmal angehört, wie sie ihren zweiten Mann, also meinen Großvater, kennengelernt hat, und ich hätte sie gefragt, was sie denn glaubt, was mit dem Steinernen Weib wirklich passiert ist. Die letzten Jahre vor ihrem Tod wurde sie immer vergesslicher, ihre Geschichten bekamen immer größere Löcher. Es war, als würden ihre Erinnerungen langsam wie die Flugschirme eines Löwenzahns vom Wind weggetragen. Am Ende verlor sie zusehends ihre Sprache. Nur vereinzelt fand sie noch die passenden Ausdrücke, manchmal auf Deutsch, manchmal auf Tschechisch. In der Stunde ihres Todes, hat mein Onkel erzählt, hat sie auf einmal ein tschechisches Kinderlied angestimmt und mit ganz leiser Stimme gesungen, ein Lied, dessen Text seit Jahrzehnten in ihr verschüttet gewesen war.

Ich stehe im Gemüsegarten meiner Großmutter und denke an den kleinen Maulwurf, der in den ersten Folgen noch eine Stimme hatte, noch gesprochen hat, später aber nicht mehr, damit die Serie auch in anderen Ländern ausgestrahlt werden konnte. Ich war nicht auf ihrem Begräbnis, ich weiß nicht, wieso, weiß auch nicht, ob es geregnet hat an diesem Tag oder wie stark der Wind geweht hat, als man ihren Sarg mit Erde bedeckt hat.

Es ist schwierig zu sagen, was der Tod seiner Mutter mit meinem Vater gemacht hat. Ich habe ein Bild von ihm, das ich wie laminiert in meinem Kopf herumtrage, das in einer der folgenden Wochen entstanden sein muss: Mein Vater alleine am Küchentisch, an dem Platz, der immer schon seiner gewesen ist, eine unausgesprochene und nicht weiter hinterfragte Gesetzmäßigkeit, wie so viele Verhältnisse in einer Familie, mein Vater alleine am Küchentisch mit einer Flasche Bier, und obwohl die Tür offen stand, konnte ich nicht zu ihm, die unsichtbare Wand direkt an der Schwelle nicht durchbrechen, dabei hätte es nicht viel gebraucht, ein zweites Bier vielleicht und ein Anstoßen, eine kurze Berührung des Flanellhemds an der Schulter.

Ich frage mich, wie viele meiner Erinnerungen an meine Großmutter stimmen. Ob ich den Klang ihrer Stimme richtig abgespeichert habe, den Geschmack ihrer Schnitzel und den Geruch der Spritzkerzen, die sie zu Weihnachten angezündet hat, für mich und meine Schwester. Ich greife nach dem Löwenzahn im Gras, knicke den Stängel, die Fasern brechen, reißen. Ich halte ihn hoch, aber es geht kein Wind. Die Luft riecht nach Regen, jederzeit könnte der erste Tropfen fallen. Ich schließe die Augen. Da ist ein Loch in allem, was ich sie noch fragen, was ich ihr noch sagen wollte. Ich puste.

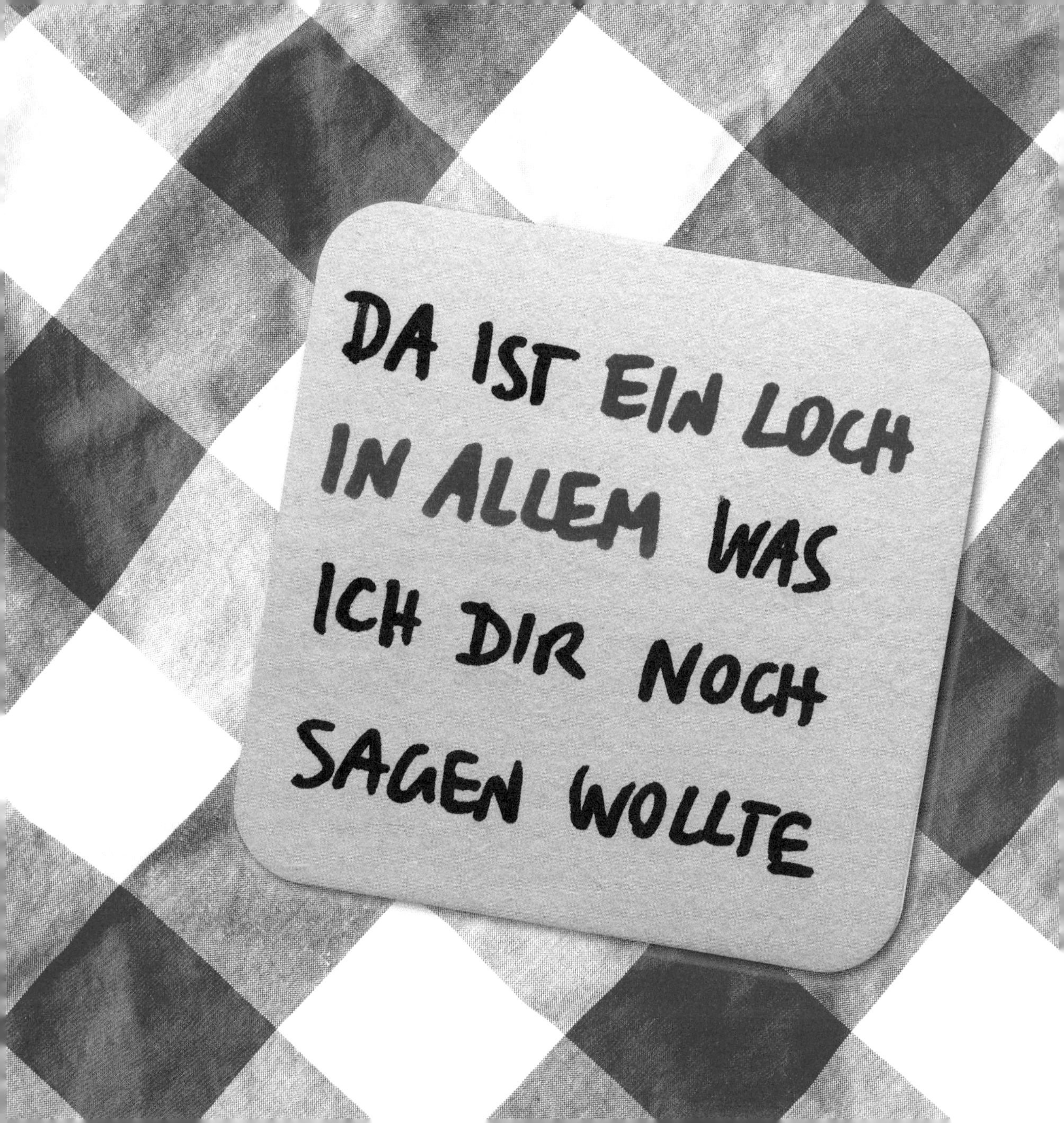
DA IST EIN LOCH
IN ALLEM WAS
ICH DIR NOCH
SAGEN WOLLTE

Männer ohne Eigenschaften Oder warum Marta nicht gerne auf Dates geht (2)

Viktor, 34

Wenn Viktor durch die sich schließenden U-Bahnen-Türen hechtet: wie ein Gepard (in seiner Vorstellung), wie ein vom Aussterben bedrohter Koala (für die Beobachter), dann denkt er an seine Zeit im Fußballverein, an die von ihm geschossenen Tore, das Hineingrätschen im regenfeuchten Gras, dann denkt er, dass sich das mit der Profikarriere locker ausgegangen wäre, aber das Knie, das verdammte, das ihm eingegangen und dann nicht mehr gut geworden ist, das auch jetzt wieder schmerzt, als die U-Bahn die Station verlässt und hinter verschlossenen Türen die Werbeplakate ausgetauscht werden gegen das Schwarz des immer schneller werdenden Tunnels.

Klaus, 28

Wenn seine Freundin am 24. Dezember zwei kleine rote Christbaumkugeln als Ohrringe trägt, wenn ihr geglättetes blondes Haar über ihre Schultern fällt wie Lametta und ihr schulterfreies Kleid bei jeder Bewegung raschelt wie Geschenkpapier, dann muss sich Klaus sehr beherrschen, nicht die Lichterkette zu nehmen und ihr um den Hals zu wickeln, sie so lange damit zu würgen, bis sich ihre Augen in Sprühkerzen verwandeln, bis ihr Blick zum Zimmerbrand wird.

Gregor, 33

Wenn Gregor seinem Sohn das Bilderbuch von der Maus Frederick vorliest, muss er sich sehr zusammenreißen, um nicht lautstark loszuschimpfen, was für eine Wixer-Maus, denkt sich Gregor, alle anderen hackeln wie die Wilden und der sammelt währenddessen Sonnenstrahlen, Farben und Wörter, die Schwuchtel, was für ein faules Arschloch, denkt sich Gregor, und dass er mit seiner Frau wird reden müssen: So ein Schwachsinn, so eine linkslinke Gutmenschen-Propaganda kommt ihm sicher nicht mehr ins Haus.

Konrad, 36

Konrad speichert die Nummern seiner Tinder-Dates unter Märchennamen: Frau Holle (die ihre Schuppen in seinem Bett verteilt hat, als hätte es ganz leicht geschneit über Nacht), Schneewittchen (mit dem Apfel-Tattoo auf dem Schulterblatt, die er sich auch gut in einem Sarg vorstellen kann), Rapunzel (mit den langen Haaren, eines davon immer auf seiner, auf ihrer Zunge beim Küssen), Gretel (weil sie so dünn war, dass er sie gerne in einen Käfig gesperrt und gefüttert hätte) und Rotkäppchen (mit der er im Wienerwald spazieren war, er musste unbedingt wissen, was sie in ihrem Korb, was sie unter ihrem roten Kleid versteckt – und weit und breit: kein Jäger).

Toni, 29

Toni beneidet den Mann in der U4, der mutig genug ist, von Frau zu Frau zu gehen und diese zu fragen, ob sie ein Bier trinken gehen wollen mit ihm. Toni wäre auch gerne so mutig und offen, hätte gerne einmal die Courage, die von ihm auserwählten Damen nicht nur bis zur Haustür zu verfolgen, sondern darüber hinaus: bis ins Treppenhauslicht hinein, würde sie am liebsten begleiten, wie Toni es nennt, bis in ihre Wohnungen – er ist ja ein Kavalier, das dürfen die Damen nicht falsch verstehen, wirklich nicht. Wenn er sie verfolgt, dann ist das ein aufrichtiges, lieb gemeintes Kompliment.

Josef, 42

Josef träumt von einer Frau mit dichten, schwarzen Haaren, am liebsten aber, das muss er ganz ehrlich zugeben, wären ihm einheimische Haare, ohne Migrationshintergrund, so wie er auch nur lokale Produkte kauft im Supermarkt, Biofleisch zum Beispiel, oder der Weihnachtsbaum: jedes Jahr aus Niederösterreich, alle Jahre wieder aus dem Waldviertel, das hat nichts mit Ausländerfeindlichkeit zu tun, findet Josef, da geht es ihm um Tradition, da geht es auch: um Qualität.

Marc, 25

Marc sammelt Zeitungsartikel über Frauen, die auf kuriose Art und Weise ums Leben gekommen sind, zum Beispiel den Bericht über eine Frau, die von ihrer Küchenmaschine erwürgt wurde: »Beim Backen eines Geburtstagskuchens für ihren Sohn ist eine Französin ums Leben gekommen. Nach Polizeiangaben verfing sich das Halstuch der 58-Jährigen in einer

Küchenmaschine – die Frau wurde erdrosselt. Jede Hilfe kam zu spät, die alarmierten Rettungskräfte konnten nichts mehr für die Frau tun.« Erstaunlich, sagt Marc, wie sachlich und neutral die Medien über getötete Frauen berichten, wenn ausnahmsweise mal kein Mann schuld ist, sondern eine Maschine.

Fabian, 27

Fabian hat Angst vor stillgelegten Gleisen, vor der Vorstellung, dass sich zwei Parallelen in der Unendlichkeit berühren, vor der Schwerkraft (und wo sie sich überall drauflegt). Vor stumpfen Bastelscheren. Vor einer Angst, für die es keinen Namen gibt.

Thomas, 34

Thomas schlägt sein Kind nur hinter zugezogenen Vorhängen.

Andi, 31

Es gibt wirklich nichts Einfacheres, findet Andi, als Schriftstellerinnen zu daten, überhaupt Künstlerinnen mit einem streichelbedürftigen, unterzuckerten Ego, aber mit Abstand am leichtesten lassen sich Autorinnen um den Finger wickeln, sagt Andi, da muss man nur ihren Sprachrhythmus loben, das Wort »Wiedererkennungswert« mit einem Adjektiv wie »hoch« oder »unverwechselbar« kombinieren, unbedingt das Geschriebene auch als »lyrische Prosa« bezeichnen, außer es handelt sich um ein Theaterstück, dann mit Sarah Kane und ihrer »poetischen Radikalität« vergleichen, dann gehen alle Vorhänge auf, so Andi, dann hat man ein leichtes Spiel und so gut wie gewonnen.

Martin, 36

Seit ein One-Night-Stand einmal sein Waschmittel gefladert hat, hat Martin sämtliches Vertrauen in die Frauenwelt verloren, wie er sagt, ja, er würde sogar so weit gehen, den Anfang seiner überdurchschnittlich ausgeprägten Angst vor Nähe auf den Moment zurückzuführen, in dem er am nächsten Tag Wäsche waschen wollte und nicht nur sein Date weg war, sondern auch die noch fast volle Waschmittelpackung. Jetzt ist da diese Traurigkeit in seinen Augen und geht auch nicht mehr raus.

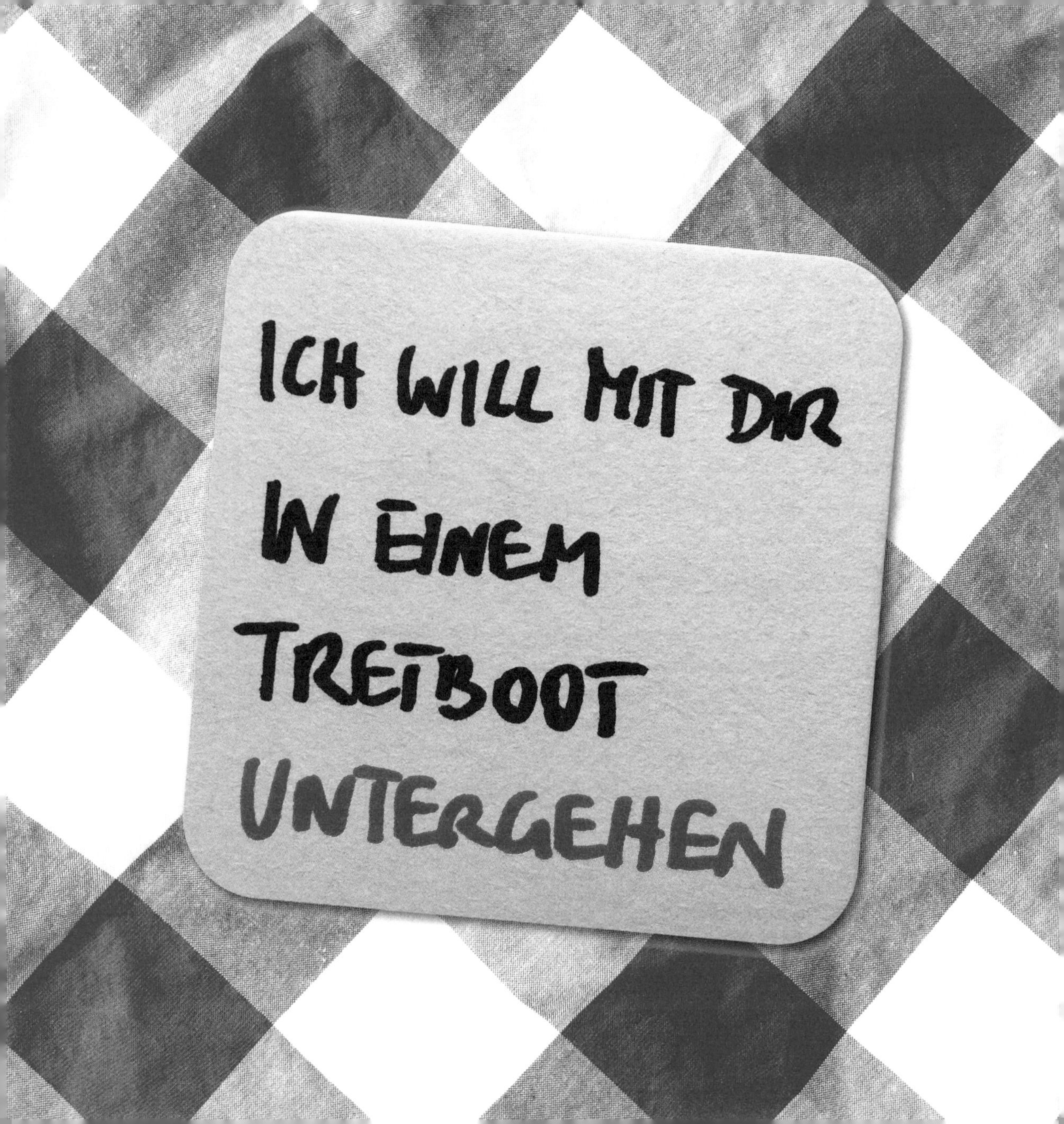
ICH WILL MIT DIR
IN EINEM
TREIBOOT
UNTERGEHEN

3,8 Zentimeter pro Jahr

Ich wache auf, vielleicht weil der Wind mit den Jalousien, sie klingen wie alte, gegen die Faltlinien zusammengelegte Straßenkarten, vielleicht weil Jelena ins Bad, die Dusche aufgedreht hat, da hängen Buchstaben über den Stühlen, Buchstaben auf der Couch, auf dem Tisch, quer über den Parkettboden verstreut, jemand muss die Wörter zerstückelt haben, während wir – ich halte beide Hände in mein Sichtfeld: kein Blut, nichts, das eingetrocknet unter meinen Nägeln wartet.

Du hast geschlafen, sagt Jelena, wie abgeschlachtet. Ob ich wieder da bin, weil die Welt untergeht, will sie wissen. Weil das wäre IRONISCH, aber nicht wie in diesem Alanis-Morissette-Song, *like rain on your wedding day* und so weiter, sondern wirklich ironisch, dass ich ausgerechnet jetzt vom Bleiben rede, mitten in einer Pandemie, während die Börse crasht, während die Grenzen dichtgemacht werden, *when all you need is a knife*.

Beim Frühstück will ich der Semmel, will ich Jelena ins weiße Fleisch fahren mit den Fingern, beim Frühstück reden wir über unsere Kindheit, das heißt, wir spielen STILLE POST. Was

Jelena als Kind fasziniert hat: wie die flüssige Füllung in die Zuckerl hineinkommt, ohne dass man eine Naht, ein Loch, eine Eintrittswunde sieht, Spuren eines chirurgischen Eingriffs. Es ist ein Fehler, die Lieblingssüßigkeiten von früher noch einmal zu probieren, sagt Jelena, ihr Geschmack lässt sich nicht reanimieren und man steht einmal mehr mit dem Gefühl da, dass die meisten Erinnerungen einfach nur sehr gute Fälschungen sind.

Draußen vorm Fenster fliegt, stürzt ein Vogel. Die Welt geht unter, sagt Jelena, aber die Menschen wischen immer noch Staub, hängen Wäsche auf, gießen ihre Topfpflanzen, verrücken ein paar Möbel, trennen ihren Müll. Sie findet die Vorstellung, dass bald alles vorbei ist, nicht weiter schlimm, erst gestern hat sie eine E-Mail bekommen, dass ihr iCloud-Speicherplatz fast verbraucht ist, heute die Erinnerung, dass ihr Virenschutz bald abläuft. Jelena glaubt nicht an Zufälle, aber an TIMING.

Wie immer, wenn ich länger nicht in ihrer Wohnung gewesen bin, mache ich Inventur: neue Lesezeichen in alten Büchern, ein Kleid, das ich, ein Reißverschluss, den meine Finger noch nicht, die leeren, hinter dem Kasten verstauten Umzugskartons, der unbenutzte Zweitschlüssel, ein weißes Plastiksackerl im Baum vor Jelenas Fenster, ich zähle: Gespenster.

Die Schaufensterpuppe in ihrem Schlafzimmer ist neu. Jelenas Version einer Voodoo-Puppe, vielleicht, ein Bauplan für einen Menschen, dem nichts fehlt. Sie hat noch keinen Namen, sagt

Jelena, als sie meinen Blick bemerkt, und dass wir spazieren gehen sollten, bevor sie uns endgültig in Quarantäne, bevor sie uns in ein Gehege stecken.

Ich betrachte uns im Vorzimmerspiegel, dann im Aufzugsspiegel, ich frage mich, OB DAS JETZT LIEBE IST, wenn wir beide unsere Finger, wenn wir beide gleichzeitig ERDGESCHOSS, wir schauen aus wie Polarforscher, wir brechen zu einer mehrmonatigen Expedition auf, verwandeln uns in Astronauten und Jelenas Lift wird zur Landungskapsel.

[…]

Als es draußen zu schneien beginnt, muss ich an einen *Peanuts*-Cartoon denken, in dem Linus aufgeregt zu Charlie Brown läuft, weil er den Schnee mit der Asche eines nuklearen Fallouts verwechselt hat.

Ich würde ihr gerne von dem Ohrwurm erzählen, der mich seit Tagen begleitet, *I've got a cupboard with cans of food*, habe jahrelang an einer Playlist für die Apokalypse gebastelt, *filtered water and pictures of you*, befürchte aber, dass es einfach nur gut getarnte LOVE SONGS waren, *I'm not coming out until this is all over*, weiß auch nicht mehr genau, was der Unterschied sein soll, *we'll become silhouettes*, wenn Leben bedeutet: die Zeit von einer Katastrophe zur nächsten zu überbrücken, *when our bodies finally go*, wie viele Personen passen in einen Schutzanzug, *it won't be a pretty sight*.

Als Kind, erzählt Jelena, war sie ganz verrückt nach Schnee, sie hatte das Gefühl, dass die Flocken um sie herum ausweichen, ihr Platz machen, inmitten des Gestöbers eine Art Tunnel nur für sie, durch den nur sie gehen kann, dass es zwei Sorten Schnee gibt: den, der aus gefrorenem Wasser besteht, und den, der auf sie reagiert, zusammengesetzt aus Atomen, die sie zum Zentrum ihres Fallens machen.

Worüber ich (in genau diesem Moment und in genau dieser Reihenfolge) nachdenke: Ob ich mir noch einen Zahnarzttermin ausmachen soll. Ob mich meine Therapeutin vermisst. Neben wem ich sterben will. Was ich heute noch essen werde. Worüber Jelena nachdenkt: Ob es zu spät ist, ein Wettbüro aufzumachen, sich ihren Traum zu erfüllen, mit der menschlichen Unfähigkeit, Wahrscheinlichkeiten richtig einzuschätzen, Geld zu verdienen.

Ich überlege, welche Berufe mich glücklich gemacht hätten. Wie heißen die, die in deinem Innenhof die Bäume schneiden, damit die Äste nicht in die Fassaden, bei den Fenstern hineinwachsen, frage ich Jelena, die, die sich um ganze Alleen kümmern, den ganzen Tag Sägegeräusche und leichter Wind: einer von denen wäre ich gerne gewesen. Vielleicht ist es nicht zu spät.

[...]

Frauen, die ihre Männer GÖTTERGATTE nennen, sollte man enteignen, sagt Jelena, die haben wohl noch nie von Kallisto gehört, die haben auch Europa, Ganymed und Io vergessen, ich soll ehrlich sein, soll zugeben, dass ich mich am liebsten auch in einen Schwan, einen Stier, welches Tier auch immer verwandeln würde, um mich über die nächste Frau – was eigentlich aus der NEOS-Politikerin geworden ist, will Jelena wissen, ob ich die noch regelmäßig treffe oder ob ich endlich draufgekommen bin, dass der Markt genau gar nichts regelt.

Es wird Zeit, sagt Jelena, dass ich aufhöre Frauen mit GMX-Adressen zu daten. Auch keine Frauen mehr mit Psychologie-Heute-Abos, die Drinks in der Happy Hour bestellen, die MÄDELSABENDE veranstalten, die Affen-Emojis verwenden, die knutschen statt schmusen sagen, überhaupt: Frauen ohne Führerschein, oder noch schlimmer: Frauen, die in WGs wohnen, und wieder einmal frage ich mich, suche ich eine Partnerin oder jemanden, der mich beerdigt und eine unbestimmte Zeit später wieder ausgräbt, und was der Unterschied ist zwischen Jelena und einem Bestattungsunternehmen.

[…]

Jelena erzählt, dass sie von einem Reh geträumt hat, das sich auf eine Lichtung gelegt, darauf gewartet hat, dass Jelena ihm die Kehle durchschneidet, ihm die Haut abzieht. In meinen Träumen regnet es tote Vögel, dieses Mal wirklich. Ihre Körper zerspringen auf dem Asphalt, aber ihre Augen sterben nicht, die ganze Stadt ist übersät mit toten Vögeln, mit im Takt der Ampeln blinzelnden Augen, die Kontakt suchen.

[…]

Ich soll unser Treffen nicht SPIELEABEND, soll die Dinge beim Namen nennen, soll sagen, dass ich sie auf meinem Esstisch, dass ich sie auch mit ungewaschenen Händen, ohne Serviette, wie viel von ihr passt zwischen meine Zähne, keine Zeit für Tischmanieren, kein Platz für die Nachspeise, ich will wissen, OB DAS JETZT LIEBE IST, wenn wir: mit Messer, Gabel, Schere, Licht.

[...]

Es sind fast keine Menschen auf der Straße, der Wind hat heute weniger Widerstand. Die leeren Regale im Supermarkt und kurz der Impuls mich hineinzulegen. Über den Dächern die Kräne, wir wissen nicht, was sie bauen, vielleicht eine zweite, eine neue Stadt in die Zwischenräume der alten. Jelena schickt mir einen Link, sie schreibt: R.E.M.s *It's The End Of The World As We Know It* ist wieder in den Charts, *and I feel fine*.

[...]

Ich zähle die auf dem Boden meiner Wohnung verstreuten Taschentücher, die Kleenex-Box und ich: wir werden immer leerer, ich schreibe FAMILIENPACKUNG auf die Einkaufsliste. Während ich die Wäsche aufhänge, läuft eine Dokumentation, ich lerne, dass Korallen auch Raubtiere sind, sie stülpen ihren Verdauungsapparat nach außen, um benachbarte Korallen zu zersetzen, denke an Jelena, daran, dass ich nie so richtig verstanden habe, wie Ebbe und Flut funktionieren, weil ich auch den Mond nicht verstehe und seine Anziehungskraft, seine Versuche, uns das Meer wegzunehmen.

Ich vermisse das Geräusch von Nylon auf Nylon, wenn Jelena ihre Beine übereinanderschlägt: zwei Bankräuber, die sich küssen, will nicht zugeben, dass ich auch Jelena vermisse, denke an Tage, die wir im selben Türrahmen verbracht haben, an die Turiner Skala für riskante Annäherungen, für die Wahrscheinlichkeit eines Einschlags, wenn ich es mir aussuchen könnte, ich würde am liebsten an ihren Haaren ersticken, will ich ihr schreiben, schreibe ich ihr nicht.

[...]

Wenn mir Jelena in die Karten schaut, behauptet sie, das ist meine Schuld, wenn ich die Spielkarten so halte, dass sie reinschauen kann, dafür übernimmt sie sicher nicht die Verantwortung, ich soll endlich lernen, wie man Karten richtig hält, dann hört sie auch mit dem Schummeln auf.

In Jelenas Kopf passieren Gegenwart, Vergangenheit und Zukunft gleichzeitig, manchmal wirft sie mir Dinge vor aus einer Zeit, in der wir uns noch nicht gekannt haben, dann wieder Dinge, die vielleicht irgendwann noch passieren werden. Wenn Jelena wütend ist, gibt es keine Chronologie, dann hat Zeit keine Bedeutung, und ihre Stimme wird zu einem Raum ohne Notausgang.

Dann ertappe ich mich dabei, dass ich mir wünsche, ihre Wut würde sich in eine Depression verwandeln, hinüberkippen von dem einen in den anderen Aggregatzustand, weil ich glaube, dann leichter übersetzen zu können von ihrer in meine Sprache.

Dann will ich Jelenas Augen herausreißen, sie in die leeren Höhlen ihrer Schaufensterpuppe stecken, eine Woche nur will ich alle Fäden in der Hand, will ich jede ihrer Bewegungen steuern, eine Woche nur: kein Wort und also nichts, das gegen mich, nur ein Blick, der ständig meine Augen sucht.

[...]

Kintsugi, sagt Jelena, und rührt die Nudeln im Topf um, diese japanische Philosophie oder Methode, bei der kaputte Gegenstände wieder zusammengesetzt, ihre Bruchstellen mit Goldstaub verziert werden, ist auch nur eine weitere Möglichkeit, sich toxische Beziehungen schönzureden. Ob in meinem Online-Dating-Profil wenigstens FÜR BASTELLIEBHABERINNEN steht, will sie wissen, das fände sie fair.

Wenn Jelena kocht, kann ich nicht anders als an Hänsel zu denken, an Gretel, dass sie mir nur deshalb zu essen gibt, weil sie mich später fressen wird. Ich muss dir manchmal in den Unterarm, in die Schulter beißen, sagt Jelena, um sicherzugehen, dass es dich wirklich gibt, und sie beißt in meinen Unterarm und noch immer nicht vollends überzeugt in meine Schulter, markiert ihr Revier. OB DAS JETZT LIEBE IST, will ich sie fragen. Als Antwort bekomme ich ihren Zahnabdruck.

[…]

Erinnerung an eine Ausstellung, die Jelena und ich noch vor ein paar Wochen gemeinsam besucht haben: Ein Künstler hat neunundsechzig Stühle gesammelt, die er in den Straßen Wiens gefunden hat. In dem hell beleuchteten Raum, in dem er sie aufgestellt hat, läuft Musik, die in unregelmäßigen Abständen stoppt: ein Reise-nach-Jerusalem-Spiel mit den ehemaligen Besitzerinnen und Besitzern, die unsichtbar die Plätze der Vergangenheit, die Plätze der Zukunft besetzen. Und ich stelle mir vor, wie Jelena mich an einen der Stühle fesselt, denke an *Halleluja, she tied you to her kitchen chair*, und sie schneidet mir die Haare, schneidet weg, was zu viel ist an mir.

[…]

Relationen, sagt Jelena, sind idealisierte Beziehungen zwischen Dingen, Relationen sind Klischees. Wenn Jelena spricht, dann mit Fußnoten, beinahe unsichtbar hängen sie am Rand ihrer Sätze. Sie verwendet das Wort WIR sehr sparsam, als hätte sie nur ein begrenztes Kontingent zur Verfügung, als wollte sie nicht alle davon mit mir ausgeben.

Was soll sie schon über ihre Familie erzählen, es gibt nur eine Wahrheit, die Wahrheit, dass niemand mehr derselbe, dieselbe ist, sagt Jelena, wie Insekten in einem Museum: mit einer

Nadel aufgespießt und hinter Glas ausgestellt, völlig falsch beschriftet, nicht einmal die Gattung stimmt.

Jelena duscht gerne im Dunkeln, überhaupt mag sie künstliches Licht nicht, ich soll die Lampe wieder abdrehen, sie will den Staub nicht sehen, er ist überall, sie will den Staub heute nicht mehr sehen, erst morgen wieder.

Sobald sie eingeschlafen ist, strecke ich meine Hand aus, berühre ganz vorsichtig ihren Rücken, die nackte Haut unter ihrem T-Shirt. Eine Richterskala hat kein Minimum oder Maximum, der Wert, der angezeigt wird, hängt von der Sensitivität des Seismografen ab.

[…]

Vergangenheit ist wie ein Wasserschaden, ein Fleck an der Decke, den man im besten Fall irgendwann nicht mehr wahrnimmt.

[…]

Von einer Sprache zur anderen passieren Verwandlungen, lese ich, von einer Sprache zur anderen passieren Monster und ich: verwandle mich immer mehr in einen See.

[…]

Drei Gegenstände, die ich an das »Museum der zerbrochenen Beziehungen« schicken könnte: mein Handy mit dem zersplitterten Display, das Jelena wiederholt gegen die Wand geschmissen hat, die Spielkarten, mit deren Hilfe wir ermittelt haben, wer sich die nächste Stellung aussuchen darf, eine Flasche Sturm von vor drei Jahren, die in meinem Kühlschrank steht wie eine Bombendrohung.

[...]

Jelena ist kein Labyrinth, kein Minotaurus. Kein Faden ihres Pullovers ist für mich bestimmt.

[...]

Was von uns übrigbleiben wird: eine leere Schneekugel, ein Schütteln.

[...]

Ich muss aufhören Jelena mit einem Hallenbad zu vergleichen, muss aufhören mir zu überlegen, ob sich eine Monatskarte auszahlt. Ich muss aufhören Jelena zu vergleichen.

[...]

Sie kann nicht schlafen, sie sagt, sie hört den Schnee schmelzen: schon die ganze Nacht, ob ich nicht auch den Schnee schmelzen höre, aber ich höre nur Jelena, die nicht schlafen kann, und eine Klospülung, zwei, drei Wohnungen weiter.

[…]

Ich zähle die Knoten in Jelenas Haaren, frage mich, wen oder was sie versucht nicht zu vergessen.

[…]

Mein Tinder-Profil ist in Wahrheit ein Organspendeausweis, notiere ich, ich weiß nicht für wen, habe mich für einen Erste-Hilfe-Kurs angemeldet, will ich Jelena erzählen, *it takes more than fucking someone*, denke an ihre, an meine Lieblingsstellung, wir üben STABILE SEITENLAGE, wir lernen: das HEIMLICH-MANÖVER, *to keep yourself warm*.

[…]

In *Star Trek: Voyager*, in *Gilmore Girls*, in *How I Met Your Mother*, in scheinbar jeder Serie wird die Fabel vom Skorpion und vom Frosch zitiert. Aber Jelena und ich sind zwei Skorpione, die sich nicht einigen können, wer auf wessen Rücken klettert und wer schwimmt, die nicht wissen, ob und wann sie noch einmal zustechen werden. Jedes Mal, wenn wir ein Messer in die Hand, wenn wir ein Messer wieder zurück in den Messerblock, jedes Mal treffen wir: eine Entscheidung.

[…]

Die Wörter liegen auf den Dingen, die sie bezeichnen, wie Staub.

[…]

Angst, sagt Jelena, ist ein schlecht erzogener Hund, egal wie oft sie ihm sagt: DAS BETT IST TABU, am Morgen wacht sie auf und er liegt trotzdem wieder am Fußende. Wir sind umgeben von einer Natur, die uns umbringen will, sagt Jelena, schon immer wollte sie uns umbringen, aber jetzt gelingt es ihr vielleicht, sie zeigt auf die Tannenzapfen, schau, da hängen sie und warten nur darauf, auf uns runterzustürzen, uns zu erschlagen, dann tanzen die Eichhörnchen auf unseren toten Körpern, wie heißt dieses Spiel, in dem man versucht, so viele Tannenzapfen wie möglich, NIMMERSATT, sage ich, und denke an meinen Vater.

[…]

Hunger, das heißt: dem Körper geben, was er kennt.

[…]

Wir leben in einer Gegend, in der die Sonne den Schnee, in einer Gegend, die sich selbst frisst. In meiner Hand: nichts, nur Jelenas Hand oder der Schatten einer Hand, und was ist der Unterschied, hier im Winter.

[…]

Pünktlich um 18 Uhr spielen die vorbeifahrenden Polizeiautos Fendrichs *I am from Austria*, dazwischen Aufforderungen, das Haus nicht mehr zu verlassen, ich werde nie den Zusammenhang zwischen Apfel und Stamm, zwischen Gletscher und April verstehen, würde gerne bis zum Ende vorspulen.

[...]

Zugvögel schlafen im Flug, mit geschlossenen, mit offenen Augen, automatisierte Bewegungen, die ein Abstürzen verhindern. Jelenas Haarspitzen hängen in ihr Rotweinglas, treiben an der Oberfläche wie Schwäne. Niemand weiß, wo sie aufwachen werden.

[...]

Ich nehme ein paar Spielkarten, beginne zu mischen. Es beruhigt mich, das Deck mit den immer gleichen Handbewegungen durcheinander und gleichzeitig in eine Ordnung zu bringen. Im Fernsehen läuft eine Doku über eine Ameisen-Superkolonie, die sich über 5000 Kilometer von Italien bis Spanien erstreckt. Den Tieren ist aufgrund von Verlust genetischer Vielfalt die Fähigkeit abhandengekommen, zwischen fremden und eigenen Kolonien zu unterscheiden.

Ich schreibe eine Liste, was für Jelena, was für uns spricht, ich notiere: MAGNETISMUS und WAS DER MOND MACHT MIT DEN MEEREN. Der Gedanke, das Bedürfnis, sie wiederzusehen, noch einmal mit ihr zu schlafen, ist in mir gewachsen wie ein Organ, groß genug, die anderen zu verdrängen. Und jetzt atme ich in einem mir unbekannten Rhythmus.

Wäre Jelena jetzt hier, sie würde mir erzählen, dass man bis ins 17. Jahrhundert hinein geglaubt hat, dass Magnete eine Seele haben, dass dies die einzige Erklärung war für ihre gespenstische Anziehungskraft, wäre Jelena jetzt hier, sie würde mir sagen, wie leid ihr der Mond tut, weil er als Erklärung für alles herhalten muss, jede noch so schlechte Metapher hat der Mond schon über sich ergehen lassen müssen. Kein Wunder, denke ich, dass er mit der Erde Schluss macht, dass Jelena mit mir Schluss macht. 3,8 Zentimeter pro Jahr.

AM LIEBSTEN
WURDE ICH AN
DEINEN HAAREN
ERSTICKEN

Meer ohne Zugang

(ich vertraue meinen Wörtern nicht mehr, musst du wissen, meine Wörter sind wie Aale: glitschig, und sie winden sich, haben zwei Herzen, eines davon rast, das andere versagt, vielleicht deshalb mein Vorhaben, ein Wörterbuch zu schreiben, in dem nur du nachschlagen wirst)

Umlaufbahnen

Deinen Freundinnen erzählst du, dass wir uns auf einer Beerdigung kennengelernt haben. Deiner Mutter, dass es dir gut geht. Dein Exmann hat noch immer Sachen von dir. Deine Tochter versteht nicht, warum du dir die Namen ihrer Stofftiere nicht merken kannst.

Gemeinsamkeiten

In der Schule haben wir gelernt, dass Pluto ein Planet ist. Bei der Fußballweltmeisterschaft 1998 trugen wir beide ein rot-weiß kariertes Trikot mit der Rückennummer 9.

Dein Therapeut und meine Therapeutin wären das perfekte Paar, finden wir.

Märchen

Wir könnten zusammenziehen, sagst du, oder irgendetwas anderes tun, das nur in Filmen schön ist. Wenn ich hungrig bin, vergesse ich manchmal, wie lange wir uns schon kennen.

Konsequenzen

Einmal bin ich spät in der Nacht zu dir gekommen, du hast schon geschlafen. Beim Zähneputzen ist mir aufgefallen, dass da ein paar Spielkarten in der Toilette treiben. Anscheinend hast du versucht, ein ganzes UNO-Set im Klo runterzuspülen.

Anpassung

Die T-Shirts, die du dir kaufst, sind immer eine Nummer zu klein.

Dachgeschoss

Unsere Abschiede dauern manchmal so lange, dass das Licht im Stiegenhaus ausgeht, und wenn wir uns jetzt nicht bewegen, wenn wir stillhalten und nur durch unser Atmen den anderen wissen lassen, dass es uns noch gibt, geht es auch nicht wieder an, dann können wir einen Weltuntergang simulieren oder ein gemeinsames Einschlafen, ein gleichzeitiges Verschwinden, so oder so.

Schweigen

Wo warst du 1991?
Im Krieg. Und du?

Mauern

Du zeigst mir ein Foto von einem Grundstück in Kroatien, wo dein Vater jeden Sommer an einem Haus für euch gebaut hat. Seit seinem Tod steht es leer. Es hat noch immer keine Fenster, aber im Garten blüht ein Apfelbaum.

Beziehungsstatus

Wie oft du mich mit einem Arzt, wie oft ich dich mit einer Intensivstation, wie oft wir die Temperaturen in unseren Körpern mit Fieber, mit Liebe, wie oft wir den Regen mit Vermissen verwechselt haben, an Tagen, an denen wir ohne Schirm außer Haus gegangen sind.

Mathematik

Wie viele halbe Leben ergeben ein ganzes, willst du wissen, und ich denke an die Schweinehälften, die ich heute Morgen auf der Ladefläche eines Lkws baumeln gesehen habe, kurz bevor man sie in den Supermarkt gebracht hat.

Feiertage

Das Leergut, das sich in meinem Vorzimmer stapelt, die Glassplitter in meiner Spüle, ein noch nicht ausgepacktes Weihnachtsgeschenk von vor drei Jahren, Blumen in die Vase, Blumen aufs Grab und ein paar Tage schlechter Empfang.

Herzdame

Beziehungen sind wie Kartenhäuser, sagst du, aber irgendwer will immer neu mischen, will lieber spielen, als noch ein weiteres Stockwerk in die Luft zu bauen. Ohne Klebstoff, sagst du, ohne Schummeln hält das nicht lange. Und dass du dich fragst, wie oft man ein Deck mischen, wie oft die Karten über die Tischplatte schlittern müssen, damit sie sich nicht mehr neu, sondern vertraut anfühlen.

Sperrstunde

Ich schreibe eine Liste über eingebildete und tatsächliche Abschiede. Auf einem Bierdeckel notiere ich (in deiner Handschrift): *Von zwei Optionen bin ich immer die schlechteste.* Ich schreibe eine Liste mit Dingen, die wir mit Vorspiel verwechselt haben. Bastle einen Atlas mit den Orten, an denen wir uns verpasst haben. Du bist die Frau, die ich nach anderthalb Bier vermisse, und ich finde, das ist der SWEET SPOT.

Schutzimpfung

Kein Bienenstich, kein Wespenstich, kein Sonnenbrand hat mich auf dich vorbereitet.

Prognose

Sag mir, *draga moja*, wann passe ich wieder in die Schublade, die du für mich reserviert, in den Schaukasten, den du für mich ausgeleuchtet hast, wann wieder in das Grab – du weißt, ich liebe den Dreck unter deinen Fingernägeln, *draga moja*, das Gewitter in deinen Haaren, aber sag mir: wann.

Chronologie

Ich habe schon lange keinen AIDS-Test mehr gemacht.

Koordinaten

Du findest mich im Streichelzoo.

Topografie

Weil unsere Körper nicht unterscheiden können zwischen Hochzeit, Geburtstag, Scheidung, Begräbnis. Weil mein Körper nicht unterscheiden kann zwischen dir und einer Ersatzhandlung.

Lautschrift

Wenn ich dich am Telefon mit deiner Mutter reden höre, klingt deine Stimme wie unter Wasser.

Stickeralbum

Tote Satelliten, ein noch nachschwingendes Zirkustrapez, ein halb eingeräumter, halb ausgeräumter Geschirrspüler, Weihnachtskekse im April, eine Tupperware-Dose ohne Deckel, der Inhalt meines Spam-Ordners (und andere Dinge, die mich an dich erinnern).

Selbstdiagnose

Da fehlt ein Háček über meinem Namen.

Rituale

Ich bin dir noch in jedes deiner Netze gegangen.

Mythologie

Du sagst, du verstehst nicht, warum Odysseus ein Held sein soll, wenn er sieben Jahre freiwillig bei Kalypso auf ihrer Insel bleibt und dann erst heimfährt zu seiner Penelope und alle Männer umbringt, die sich um sie bemüht haben, während er sieben Jahre lang mit einer anderen geschnackselt hat. Du verstehst nicht, warum überhaupt irgendwer ein Held sein soll.

Herkunft

Ich erzähle dir von meinen tschechischen Wurzeln, vom tschechischen Harz in meinem Blut. Ich erzähle dir, dass ich ein Baum bin.

Liebeserklärung

I'll still destroy you.

Nachsendeauftrag

Dein immer wiederkehrender Traum, dass du in deiner Wohnung eine Tür findest, die dir bis jetzt noch nicht aufgefallen ist, und dahinter wartet ein leeres Zimmer, ein noch ungenutzter Raum.

Spieltrieb

Auf dem Küchentisch steht ein Schachbrett, auf dem Küchentisch liegt mein König auf deiner Dame. Und nie weiß ich, wer hier wen gewinnen lässt und zum wievielten Mal.

Prävention

Wie sehr dich deine Mutter liebt, misst du daran, wie oft sie dich an die Zeckenschutzauffrischung erinnert.

Vermissen

Das Geräusch, wenn mitten in der Nacht, durch die Dunkelheit hindurch, ein Apfel vom Baum fällt und im feuchten Gras aufschlägt.

Polarforscher

Unsere Angst vor Katastrophen, die nicht im Kalender stehen. Eine Kompassnadel, die immer Richtung Südosten zeigt. Zwei grau auf weiß ausgedruckte Flugtickets. Aber niemand ruft unsere Namen auf.

Archäologie

Du erinnerst dich an deinen hellgrünen Radiergummi, du warst so stolz, weil er gänzlich unbenutzt war, ein Schatz in deinem Federpennal, weil du keine Fehler gemacht hast als Kind, alles immer gleich richtig geschrieben, alles immer gleich richtig gerechnet, kein falscher Strich in deinen Zeichnungen, was wohl geworden ist aus dem Radiergummi, fragst du dich jetzt, und wo er war die letzten Jahre.

Gretchenfrage

Du willst wissen, ob ich jemanden heiraten könnte, den ich mit Vor- und Nachnamen in meinem Handy eingespeichert habe.

Einzelfälle

Wir haben aufgehört die Schlagzeilen zu lesen. Wir rechnen nicht mehr damit, dass irgendetwas gut wird. Die dystopischen Bücher in unseren Regalen: längst überholt. Alles wiederholt sich, sagst du, und ziehst die Vorhänge zu.

Integration

Deine Nachbarn wissen noch immer nicht, wie man deinen Nachnamen ausspricht.

Löcher

Was du mir nicht erzählt hast: Dass du entweder nichts isst oder so viel, dass dir der Bauch wehtut. Als wäre da ein schwarzes Loch in deiner Magengegend. In das du stundenlang Wein hineinschütten kannst, ohne dass etwas passiert. Dein Vater hatte einen großen, runden Bierbauch. Dein Vater war vielleicht ein schwarzes Loch.

Inventur

Bei meinem letzten Besuch habe ich die leeren Weinflaschen in deiner Wohnung gezählt, da stehen siebzehn leere Weinflaschen in deiner Wohnung, zum Teil im Vorzimmer, zum Teil in der Küche, siebzehn leere Weinflaschen.

Notausgänge

Es warten die ersten Tropfen eines Gewitters in deinen aufgespannten Händen, *a wingspan unbelievable*, ein lang erwarteter Wetterumschwung. Jemand wird Federn lassen müssen heute Nacht.

Apokalypse

In deinen Träumen geht die Welt unter, aber du bleibst ganz ruhig, setzt dich in ein Boot und rettest Menschen aus den Fluten.

Dann tauche ich auf, und alles ist kompliziert.

Landebahn

Wenn ich an Flugzeugabstürze denke, dann denke ich an die erste Staffel *Lost*, dann denke ich daran, dass du noch immer alle Staffeln auf DVD hast, dass wir es nicht geschafft haben, über die erste Staffel hinaus weiterzuschauen, dass wir es nicht einmal geschafft haben, eine gemeinsame Lieblingsserie zu haben.

Nachsendeauftrag

Du schickst mir deine alten Kopfhörer mit der Post, weil ich meine verloren habe, schickst mir eine Familienpackung Waschmittel, weil mir meines gestohlen wurde. Ob du dir ihren Namen überhaupt merken sollst, fragst du mich, als du eine Frau im Stiegenhaus triffst, die gerade noch bei mir war.

Chemie

Wir tragen Parfum auf, wir verwandeln uns in Nahrungsmittel.

Maßstab

Wie unheimlich, sagst du, wie deine Haare einfach die sonst so undurchlässige Haut durchbohren, nach draußen drängen und immer weiter, als würden sie versuchen dem eigenen Körper zu entkommen.

Romantik

Dreimal, wie im Märchen, werde ich dir an
die Kehle gehen heute Nacht.

Grenzen

Dein PERSONAL SPACE ist mein PANIC ROOM.

Minusgrade

Am Todestag deines Vaters hat es geschneit,
erzählst du, große, weiche Flocken.

Erbsünde

Wer von uns ist die Schlange und wer passt
in wen hinein?

Nähe

Du stehst im offenen Fenster, du sagst, du springst, die Autos rauschen, im Wind ein einzelnes Haar, du. Du in der Küche, du greifst nach dem größten Messer, setzt es an, die Spitze hinein in deine Brust, du. Du zeigst mir deine blauen Flecken, du willst, dass ich sie berühre, ich öffne deinen BH, die blauen Flecken leuchten, deine Haut, du.

Instinkt

Du greifst mit beiden Händen unter meine Schulterblätter, willst mich aufreißen, hier und jetzt, mich noch einmal in zwei Hälften, willst einmal noch mein Tatort sein. Meine mit Absperrband verbundenen Augen: dahinter eine CRIME SCENE, Versionen von dir auf meiner Netzhaut, *do not cross*.

Schlamm

Im Frühjahr 1991 bist du noch zur Schule gegangen, und es hat tagelang geregnet und geschneit, immer abwechselnd. Im Mai wurde es dann kompliziert, du weißt noch, deine Mutter war furchtbar traurig, weil sie deiner Schwester kein Geburtstagsgeschenk kaufen konnte, und du musstest sie trösten. Du bist mit deinem Cousin zwischen den Bunkern hin und her spaziert und ihr habt mit den Soldaten getratscht, sie haben euch Zigaretten angeboten und laut gelacht. Irgendwann dann die Luftangriffe und noch mehr Luftangriffe und du sagst, das macht der Krieg, er macht es einem unmöglich, als Mensch zu handeln.

Melodie

Du sagst, du willst dich noch einmal verfangen in meinen Ästen, dich einmal noch ausschlafen in mir. So lange schlafen, bis du wieder in deiner Muttersprache träumen kannst.

WIR WERDEN
DIE NACHT NICHT
ZUM SCHLAFEN
MISSBRAUCHEN

Wenn der letzte Schnee noch nicht ganz weg ist

Wenn der letzte Schnee noch nicht ganz weg ist, wenn er sich in grauen Gatsch verwandelt hat, wenn jede Eisplatte, auf die ich steige, THE ONE sein könnte, die eine Eisplatte, auf der ich ausrutsche und mir den Schädel spalte, weil ich in einem blöden Winkel gegen ein parkendes Auto pralle, wenn der letzte Schnee schon fast nur mehr ein Geruch ist, wenn ich Werbeanzeigen auf Tinder für die Dinge von meinem Amazon-Wunschzettel bekomme, die mir niemand zu Weihnachten geschenkt hat, wenn mir meine Therapeutin sagt, ich bin wie ein Selbstbedienungsladen, und mit ihrer rechten Hand eine Bewegung macht, als würde sie in mich hineingreifen, wenn das letzte Bier nach der Sperrstunde leer wird und ich den Bierdeckel zwischen meinen Fingern zerrieben habe, wenn mein Handy anzeigt, dass ich noch 69 Prozent Akku habe und keine neuen Nachrichten, auch kein SUPERLIKE, und warum schaut sich niemand meine Instagram-Storys an, wenn mein bester Freund schreibt, ich soll ihn bald wieder im Waldviertel besuchen, sein Sohn kann jetzt schon gehen, sie verbringen viel Zeit auf dem Kinderspielplatz, und er schickt mir ein Foto von einer Sandkiste mit löchrigen Plastikkübeln, von einem Bagger, dem die Schaufel fehlt, wenn die Nacht den von der Sonne angebissenen Schnee weiterkaut, wenn der Mond wie ein Hustenzuckerl ausschaut, das irgendwer ausgespuckt hat, wenn ich das Leintuch mit deinen Make-up-Flecken zum Trocknen aufhänge, entweder verwende ich das falsche Waschmittel oder du das falsche Make-up, wenn ich nachrechne, wie oft ich schon andere Köpfe genau an dieser Stelle in das Leintuch gedrückt habe, um zu sehen, ob ihre Gesichter hineinpassen in das, was du zurückgelassen hast, wenn es im Supermarkt bei mir um die Ecke Schwedenbomben in Aktion gibt, 2+1 GRATIS, wenn ich beim Aufräumen den Schuhkarton finde, in dem ich das aufblasbare Herz verstecke, das du mir letztes Jahr zum Geburtstag geschenkt hast, das nach einer Packung Kondome riecht, wenn ich im Wartezimmer in die Augen der anderen Menschen blicke, wo in Pupillenwasser eingelegt die Diagnosen überwintern, wenn ich die Röntgenbilder gegen das Licht halte wie eine Schatzkarte und das X suche, wenn James Murphy von LCD Soundsystem singt: *break me into bigger pieces*, wenn mich jemand an der Supermarktkassa fragt, ob das ALLES ist, wenn ich eine Bierflasche mit dem Feuerzeug aufmachen will, abrutsche und stattdessen das Feuerzeug mit der Bierflasche aufmache, wenn ich vergesse, wie tief man sich mit Papier schneiden kann, wenn ich ein T-Shirt finde, das du zusammengefaltet hast, und an Origami denken muss, an Kraniche mit Rotweinflecken, an Kraniche mit Lippenstift, wenn mich Microsoft Word auffordert, »Machen Sie genau dort weiter, wo Sie aufgehört haben«, oder mein Browser nachfragt, ob ich WIRKLICH alle Tabs schließen will, wenn jemand *Wonderwall* singt in der Karaokebar kurz nach Mitternacht und ich für 4 Minuten und 19 Sekunden aufs Klo gehe, wenn ich in meinen Spam-Ordner Werbung für einen Kratzerentferner-Stift finde und mir dabei deinen Rücken vorstelle, wenn der Aschenbecher übergeht und der Wind, der sich durch das gekippte Fenster zwängt, die Tschickstummel in eine kleine Lawine verwandelt, wenn alles kippt, wenn mir jemand versucht zu erklären, wie offene Beziehungen funktionieren, und ich an die Bastelanleitungen denken muss, die jedem IKEA-Regal beiliegen, wenn ich die Pfandflaschen in den Supermarkt bringe, eine Bierflasche nach der anderen in den Automaten schiebe, wenn ich mein Handy per Fingerabdruck entsperre, den Flugmodus deaktiviere, wenn ich die Songs, die ich früher dir geschickt habe, meiner Lektorin schicke, wenn ich den Inhalt des Staubsaugers in den Restmüll kippe und da vielleicht noch ein Haar von dir dabei ist, wenn draußen vor meinem Fenster Hagelkörner vom Blech der Autodächer wegspringen, wenn ich den Kühlschrank aufmache, wenn da mein toter Vater sitzt mit einem Flaschenöffner in der einen und einem kalten Bier in der anderen Hand, jetzt weiß ich, wer das Licht abdreht, wenn die Tür zugeht, wer das Licht manchmal brennen lässt, die ganze Nacht, wenn Spotify mir schreibt »Please go online to load home« und ich mich an das Gewicht deiner Wohnungsschlüssel in meiner Hand, in meiner Hosentasche erinnere und mir einfällt, dass ich noch immer weiß, wie viele Treppen bis zu deiner Tür oder wie lange der Lift braucht, wenn ich ein Polaroid-Foto von uns finde, das ich als Lesezeichen verwendet habe, wenn ich an einem Kaugummiautomaten vorbeigehe, in dem ein ganzes Sonnensystem darauf wartet, dass ich mir einen Planeten runterdrehe, wenn mein Blick auf die leeren

Kammern einer Sichtverpackung fällt, wenn ich die aufgebrochene Aluminiumfolie auf der Rückseite berühre, überlege, welcher Wochentag heute ist, wenn ich behaupte, ein guter Verlierer zu sein, aber in Wahrheit darüber nachdenke, wie ich mich wieder in dein Leben hineinschummeln kann, wenn ich ein Mayröcker-Buch aus dem Regal ziehe und auf ein anderes Mayröcker-Buch neben meinem Bett lege, wenn ich zum Beispiel das *Stilleben* auf das *Herzzerreißende der Dinge* lege, dann, aber wirklich nur dann, denke ich noch an dich, dann schreibe ich deinen Namen in den grauen Gatsch und will dir sagen, dass ich froh bin, die meisten meiner Extraleben mit dir verbracht zu haben.

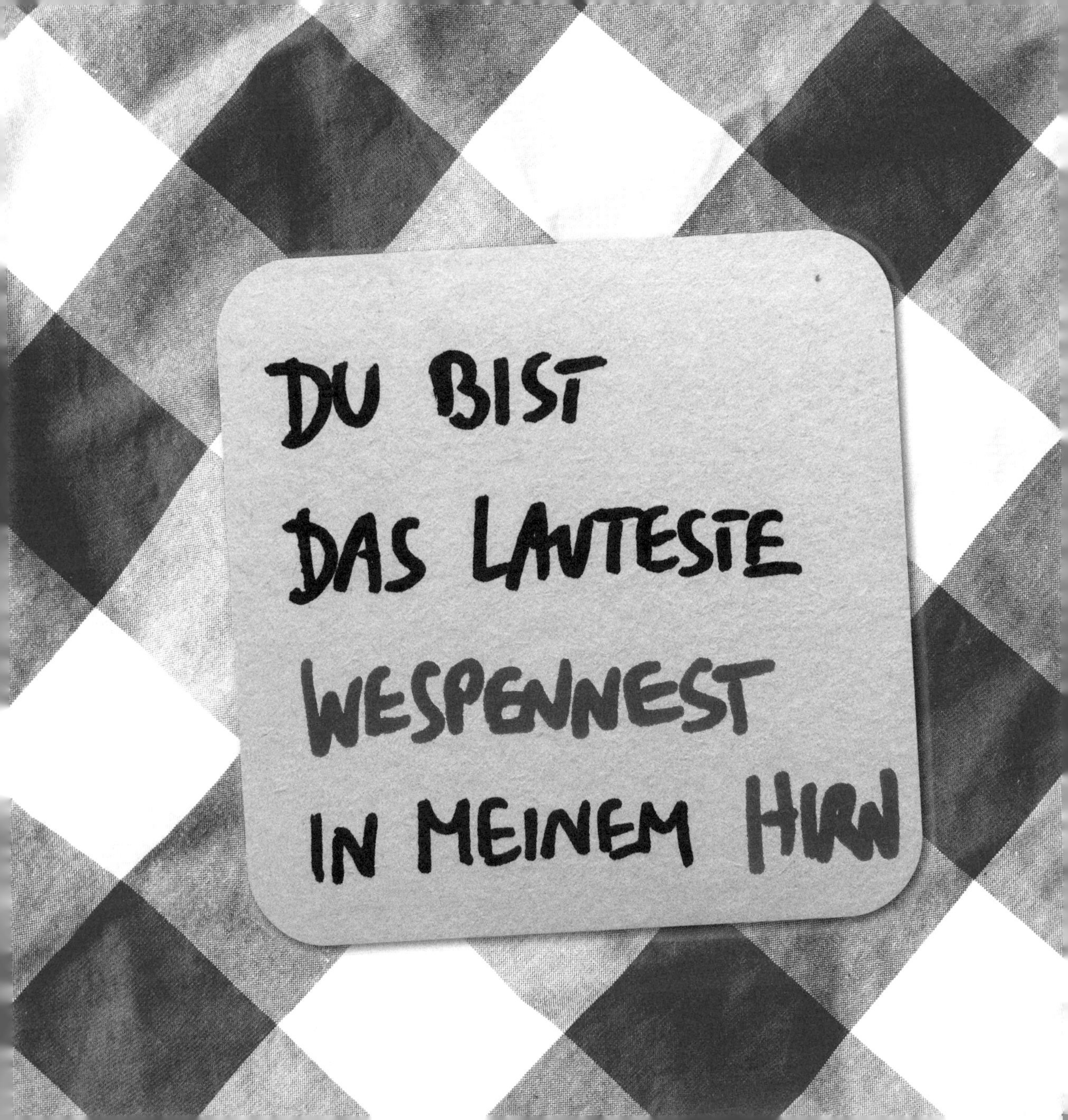
DU BIST
DAS LAUTESTE
WESPENNEST
IN MEINEM HIRN

Schalko und Pichler: Staffel 3

S3/E1: VERLÄNGERUNG

Pichler fährt zu dem Fußballplatz, auf dem er als Jugendlicher gespielt hat. Plötzlich gehen die Flutlichter an, werfen lange Schatten auf den Rasen, ihr Licht fällt hinein in die beiden Tore, verrückt die Strafraumgrenzen, verschiebt die Elfmeterpunkte. Ein Ball rollt langsam in Pichlers Richtung, bleibt genau vor seinen Füßen liegen. Er geht ein paar Schritte zurück, nimmt Anlauf, trifft. Auf der Tribüne, im Dunkeln klatscht jemand mit frisch eingecremten Händen.

S3/E2: EXITS

Pichler fotografiert die leere Gasse vor seiner Wohnung wie einen Tatort. Der Mond in dieser Nacht schaut aus wie eine schlecht operierte Schusswunde.

S3/E3: GEMETZEL

Warum Pichler Polizist werden wollte: Weil seine Spielfiguren auch dann noch gelächelt haben, wenn er sie zerstückelt, ihnen die Köpfe abgerissen und sie irgendwo anders hingesteckt hat.

S3/E4: FARBLEHRE

Ein als Rotkäppchen und Froschkönig verkleidetes Pärchen ermordet mehrere Frauen. Sie legen ihre Opfer in die Badewanne und zwingen sie, vergifteten Kuchen zu essen, vergifteten Wein zu trinken. Als Pichler die beiden endlich fasst, sagen sie aus, dass sie vor einem Linksruck in Österreich warnen wollten.

S3/E5: PERSONAL SPACE

Pichler steigt auf einen Kran, um in Ruhe nachzudenken, als auf einmal Schalko anklopft und sich zu ihm in die Kabine zwängt. Es war leicht, sagt sie, ihn zu finden.

S3/E6: GERINGE FALLHÖHE

Als ihr Pichler seine neuesten Theorien präsentiert und auf dem Whiteboard die Zusammenhänge skizziert, bekommt Schalko eine so starke Gänsehaut, dass ihr die Bluse circa 3,8 Zentimeter von ihrer rechten Schulter rutscht.

S3/E7: PALIMPSEST

Pichlers Kopf ist ein Wartezimmer. Schalko befeuchtet ihren rechten Daumen und blättert in den bunten Magazinen, füllt aus, was noch übrig ist von den Kreuzworträtseln, schreibt ihre Blockbuchstaben über die Blockbuchstaben derjenigen, die vor ihr hier waren, bis der Stift das Papier durchbohrt. Bis sie endlich aufgerufen wird.

S3/E8: AUF DER FLUCHT

Schalko bekommt einen Anruf: Pichler hat auf eine Gruppe Schaufensterpuppen geschossen. Er sagt aus, genau vier Schüsse abgegeben zu haben, keinen mehr, keinen weniger. Die Spurensicherung findet aber nur drei Kugeln in den leblosen Kunststoffkörpern. Eine fehlt, sagt Pichler, und Schalko weiß: Er meint nicht die vierte Kugel.

S3/E9: MESSER, GABEL, SCHERE, LICHT

Wenn Schalko Pichler beschreiben müsste, sie würde beide Hände und alle zehn Finger dafür benötigen.

S3/E10: ZUSAMMENHÄNGE

Feldkirch hat sich in Luft aufgelöst. Als hätte es den Ort nie gegeben, als hätten der Ort und seine Einwohner nie existiert.

S3/E11: SCHÖNE LÜGEN

Schalko bricht ein Verhör ab, weil das Licht so laut ist. Sie wirft einen Sessel gegen das Glas, sieht ihre Reflexion zerspringen und was sie letzte Nacht gemacht hat, wo sie war: um 4 Uhr 48.

S3/E12: DAS VERSPRECHEN

Die Therapeutin ist verschwunden. Schalko verspricht Pichler, sie zu finden. Koste es, was es wolle. Dass auf ihrer Couch ein Reserviert-Schild steht mit seinem Namen, sagt sie ihm nicht.

S3/E13: STILLE WASSER

Rund um den Ottensteiner Stausee verschwinden zuerst Motorboote, dann Tretboote, wenig später auch Menschen. Ob er sich noch an den Tag erinnern kann, an dem er schwimmen gelernt hat, will Schalko von Pichler wissen und drückt seinen Kopf unter Wasser.

S3/E14: VAKUUM

Schalko erzählt Pichler, was mit dem Körper, der Haut, den Augen passiert, wenn man ohne Raumanzug auf dem Mond spazieren geht, als wäre es eine Gute-Nacht-Geschichte.

S3/E15: DREIZEHN

Pichler muss etwas übersehen haben.

S3/E16: LÖCHER

Nie kann Schalko sagen, ob die Zeit in Pichlers Nähe schneller oder langsamer vergeht.

S3/E17: MONDLANDUNG

Schalko und Pichler beschließen, nie wieder zusammen im selben Lift zu fahren.

S3/E18: SARGGELD

Schalko fragt Pichler, wo er 1986 war. Ob er ihr irgendwann die Sandkiste zeigen wird, in der er als Kind gespielt hat, will sie wissen, ob auch er seine Spielfiguren beerdigt hat im grobkörnigen Sand, und was er jetzt machen wird ohne seine Therapeutin.

S3/E19: SO JUNG, SO FESCH

Eine erst auf den zweiten Blick verstört wirkende Frau versucht den Bundeskanzler zu entführen. Bei der Hausdurchsuchung finden die Beamten einen Schrein. Insgesamt zählen Schalko und Pichler über hundert Bilder, alle davon hochprofessionell mit Photoshop bearbeitet, sodass sie wie Fotos von gemeinsam verbrachten Wanderungen, Urlauben und Familienfeiern ausschauen. Auch ein paar Hochzeitsfotos sind darunter, in die zusätzlich einige andere österreichische Politikerinnen und Politiker hineinmontiert worden sind, sogar Vladimir Putin ist auf einem der Bilder zu sehen. Auf der Festplatte finden sich außerdem Hinweise, dass die Täterin Kontakt zu einem größeren Ring hatte, der sich auf diese Art von Fotomontagen spezialisiert hat und sie im Darknet teuer verkauft.

S3/E20: GEGEN DIE EINBAHN

Schalko beobachtet die Ameisen, wie sich ihr Verhalten in der Nähe von Überlandleitungen, in der Nähe von Strommasten verändert, dass ihre Hügel immer mehr wie kleine Umspannwerke aussehen, die Eingänge wie Steckdosen. Sie nimmt eine der Ameisen, hält ihre Fühler in den Wind, zerreibt ihren winzigen Körper, bis nur noch ein dunkelbrauner Film ihren Mittelfinger, ihren Daumen bedeckt. Sie versteht immer noch kein Wort.

S3/E21: SPERRSTUNDE

Pichler sitzt an der Bar, als ihm schlagartig einiges klar wird. Der Wirt war nie der Wirt. Und die Therapeutin war nie die

Therapeutin. Jedes Puzzleteil fällt wie von selbst an seine passende Stelle. Als jemand hinter ihm die Tür öffnet und die Gaststube betritt, zapft er ein zweites Bier und stellt es neben sich hin.

WEIL ICH DICH ZUM
FRESSEN GERN HABE
UND ANDERE
ESSSTÖRUNGEN

Beziehungsstatus (Update)

Du willst wahrscheinlich wissen, was aus Marta, aus Jakob, aus Ferdi, Schalko und Pichler, aus Jelena, vielleicht sogar: was aus Jelena und mir geworden ist. Wer jetzt in welchem Sperrgebiet lebt und mit wem.

Marta schwärzt jeden Tag eine Seite aus Musils *Mann ohne Eigenschaften*. Die dazugehörige Website »Blackout Musil« ist schon online, eine erste Ausstellung für das Frühjahr 2021 geplant. Gestern hat sie mir folgendes Foto geschickt:

Vielleicht hat sie dabei an Jakob gedacht, an Jakob, der angefangen hat, an einem Dark-Tourism-Guide für Österreich zu arbeiten. Die Kapitel über die Kurve, in der Jörg Haider ums Leben gekommen ist, über den UFO-Landeplatz im Waldviertel, über das Kitzloch in Ischgl sind schon fertig. Er weiß nicht, wie er über die Keller in Niederösterreich schreiben soll.

Schalko und Pichler wurde nach der dritten Staffel abgesetzt, was niemanden wirklich überrascht hat. Eine eingeschworene Fangruppe versucht jedoch per Crowdfunding die Geldmittel für eine vierte Staffel aufzutreiben.

Was Jelena und mich betrifft, das musst du dir circa so vorstellen: Eine Bar in Wien, sagen wir das Anno, warum nicht, ich entdecke Jelena an der Bar, sie trinkt einen weißen Spritzer, vielleicht auch einen Averna Sour, es läuft *Yellow* von Coldplay, ich setze mich neben sie, die E-Gitarre setzt ein, die Musik wird kurz lauter, dann wieder leiser, ich frage sie, warum sie so lange gebraucht hat, *look at the stars*, warum sie erst jetzt, *look how they shine for you*, was für ein Scheißsong, sagt Jelena, *I swam across, I jumped across for you*, der Typ macht etwas komplett Banales, etwas Selbstverständliches, *oh what a thing to do*, und jetzt erwartet er einen Orden, ein wenig erinnert er mich an dich, sagt Jelena, *I drew a line, I drew a line for you*, ihr Finger zeichnet einen unsichtbaren Kreideumriss in das verschüttete Bier auf der Theke, nur weil du jetzt ein Buch geschrieben hast, heißt das noch lange nicht, dass ich zu dir zurückkomme, die Gitarre, die Musik wird wieder lauter, *your skin and bones turn into something beautiful*, Jelena hat recht, was für ein Scheißsong.

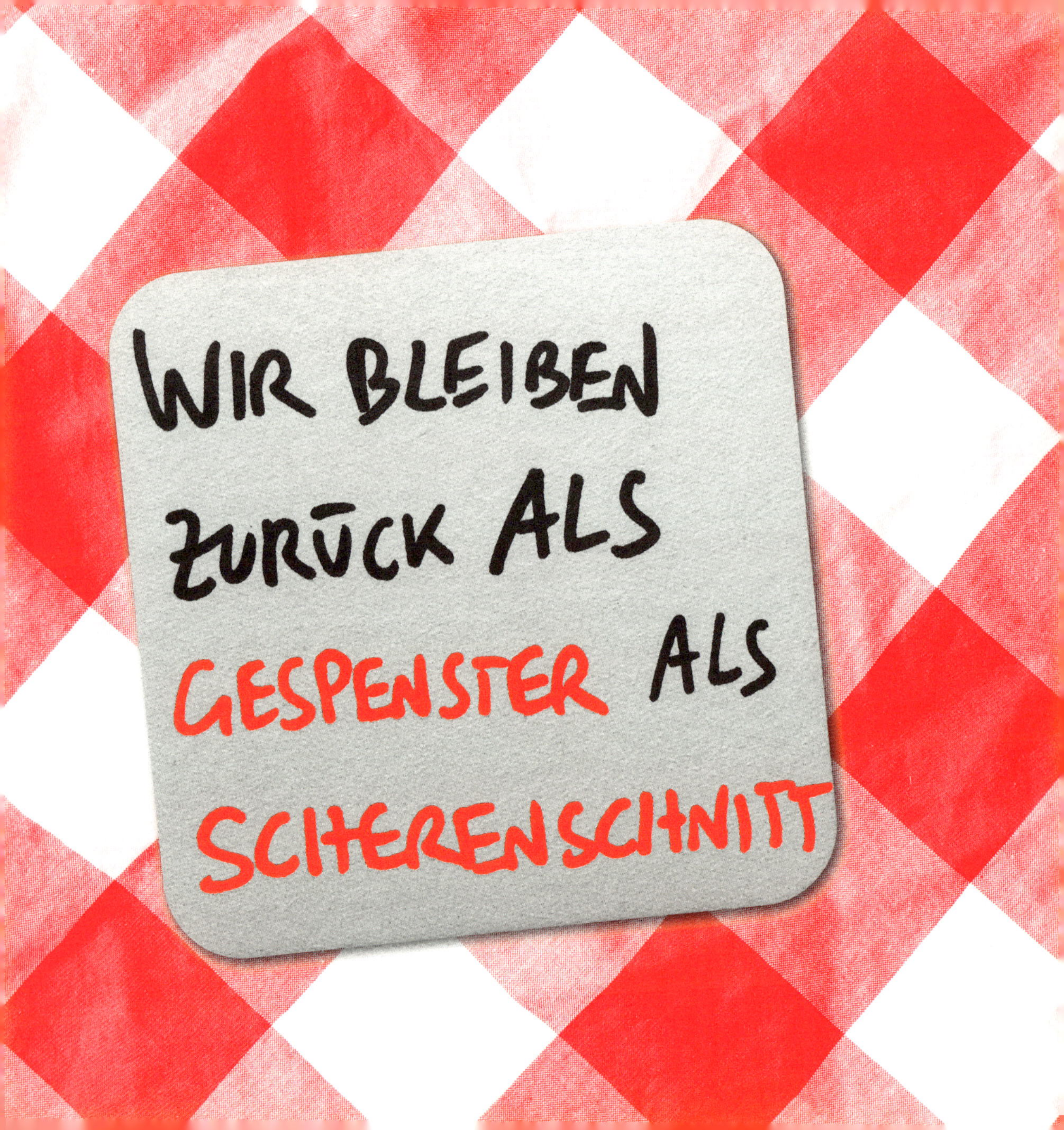
WIR BLEIBEN
ZURÜCK ALS
GESPENSTER ALS
SCHERENSCHNITT

Schalko und Pichler: THE LOST EPISODES

LE/1: TOTE WINKEL

Hier, sagt Schalko, und gibt Pichler ein Kuvert, auf dem sein Name steht, gleich daneben ein zweiter, gut leserlich durchgestrichen, hier ist es: mein Geständnis.

LE/2: BLINDE FLECKEN

Schalko zieht am Klebeband, bis es komplett abgewickelt ist. Sie fragt Pichler, ob er eine Hand frei hat.

LE/3: WINDFREI

Ich räume jeden Tag in mir auf, sagt Pichler zu seinem Spiegelbild, *ich räume jeden Tag in mir auf*, jeder Zahnpastafleck ein unentdeckter Planet, *ich räume jeden Tag in mir auf*, eine halbe Stunde später im Präsidium wird er sehr schwierige Fragen beantworten müssen.

LE/4: EBBE UND FLUT

Der Mond schleift das Meer hinter sich her wie eine Leiche. Im entscheidenden Moment schaut er weg.

LE/5: STILLLEBEN

Eine Bäuerin füttert die Schweine, melkt die Kühe, kehrt den Boden und erhängt ihre Kinder mit einem Strick an der Pferdestalltür, hinter der schon lange keine Tiere mehr gehalten werden. Es riecht nach Schwedenbomben mit Kokosraspeln, das irritiert die Bäuerin, das irritiert später auch Schalko und Pichler, als sie den Tatort begehen, und: wie langsam sich die Fliegen durch die Luft bewegen.

LE/6: GEPLANTE OBSOLESZENZ

Nach einer Bombendrohung beschließt Pichler, beim Wien-Marathon mitzulaufen. Schalko wartet alle sieben Kilometer mit einer Banane auf ihn. Immer fehlen zwei bis drei Bissen, darauf kann er sich verlassen.

LE/7: KOMPAKTE INTERVALLE

Jeder auf der Straße, auf den Gehsteigen verlorene Haargummi, jeder unmittelbar danebenliegende Tschickstummel ist eine weitere Spur, der Grund für Pichlers Überstunden, warum er kaum schläft, für seine langen Mobilboxnachrichten, an die er sich später nicht wird erinnern können, über die Schalko und er nicht sprechen.

LE/8: ANSCHLUSSFEHLER

Die Therapeutin fragt, was das mit dem Mond soll, warum Pichler der Mond so beschäftigt, ob er eine Metapher ist und wofür, er sagt, dafür bezahlt er sie aber wirklich nicht, dass er ihr den Mond erklärt.

LE/9: DER SKORPION

Schalko versucht herauszufinden, warum Pichler in den meisten Büchereizweigstellen Hausverbot hat, warum er ihr nicht erzählt hat, dass die Therapeutin wieder da ist.

LE/10: UND DER FROSCH

Pichlers Libido ist eine vollbusige Frau im Negligé, die auf einem Divan liegend Pralinen und Eiskonfekt nascht.

LE/11: ERSATZHANDLUNGEN

Was sagen wir ihnen, fragt Pichler, wenn sie wissen wollen, warum wir die Kugelschreiber gestohlen haben? Die Wahrheit, sagt Schalko.

LE/12: UNENDLICH DIE ERINNERUNG

Manchmal hat Pichler Heimweh nach den tückischen Kurven im Winter, den verrissenen Lenkrädern, den sich überschlagenden Autos im Eisregen, den die Unfallstellen markierenden Marterln, den billigen Grablichtern gleich daneben.

LE/13: EUCHARISTIE

Jemand hat den Messwein mit echtem Blut vertauscht. Als der Pfarrer bemerkt, was er da trinkt, glaubt er im ersten Moment an ein Wunder, im nächsten übergibt er sich und den Leib Christi vor versammelter Gemeinde.

LE/14: MISSING PIECE

Hier gibt es zwei Monde, aber einer davon ist ein Luftballon, schreibt Schalko auf eine Postkarte. Wie schnell kann man zu einem Gespenst werden, denkt sie, und steckt verschiedene schmale und spitze Gegenstände in die Steckdosen ihres Hotelzimmers.

LE/15: TULLN DARF NICHT SWINDON WERDEN

Pichler beschlagnahmt einen Postbus, um einen anderen Postbus zu verfolgen, in dem sich der mutmaßliche Täter befindet. Als beide Busse dicht hintereinander in denselben Kreisverkehr einfahren, eskaliert die Situation.

LE/16: TURN AROUND

Es sind keine Einzelfälle, flüstert Schalko ins Telefon. Als Pichler das Zimmer betritt, legt sie schnell auf, das Display ihres Handys, der ganze Raum wird dunkel: wie bei einem Stromausfall.

LE/17: EVERY NOW AND THEN

Pichler hat nie gefragt, aber das Safeword ist BANANENSPLIT, er muss es nur sagen, dann hört Schalko sofort auf.

LE/18: I FALL APART

Schalko will Antworten, es überkommt sie in den unpassendsten Momenten, beim Sichern der Spuren, beim Einchecken ins Hotel, beim Überholen auf der Autobahn, sie will wissen, wann sie es endlich wert ist, zum Tatort gemacht zu werden, will sie Pichler anschreien.

LE/19: MILLIMETER

Pichler will einmal dabei sein, wenn die Schaufensterpuppen ausgetauscht werden, wenn die Kranfahrer ihren Dienst antreten, wenn sich die Fischstäbchen im Backrohr braun färben. Aber immer geschieht es hinter seinem Rücken.

LE/20: EIN ZIMMER FÜR SICH ALLEINE

Schalko denkt an Pichler, wenn sie sich den Hals einschmiert, ob das reicht für eine Diagnose. Woher sie die Adresse hat, will die Therapeutin wissen, und dass sie jetzt bitte gehen soll.

LE/21: FINALE

Schalko stößt Pichler aufs Bett, zieht eine Linie durch das Hotelzimmer, sie sagt: Hier endet das Gespräch. Hier beginnt das Verhör.

DIE FRAGE NACH DEM
BEZIEHUNGSSTATUS
IST IMMER AUCH
EINE SCHÄTZFRAGE

Martin Peichl, 1983 im Waldviertel geboren, lebt und schreibt in Wien. Unterrichtet Deutsch, Englisch und wissenschaftliches Schreiben. Etliche Preise und Auszeichnungen, u. a.: Limburg-Preis, Wiener Literaturstipendium, Hans-Weigel-Literaturstipendium. Er schreibt seit 2015 Texte und Gedichte auf Bierdeckel und organisiert die Lesereihe »In einer komplizierten Beziehung mit Österreich« in Wien. Sein Debütroman *Wie man Dinge repariert* (Edition Atelier 2019) war im Finale des Literaturpreises Alpha, stand auf der Shortlist des Bloggerpreises »Das Debüt« und wurde mit der Buchprämie des Bundeskanzleramts ausgezeichnet.

Die Arbeit an diesem Buch wurde durch das Hans-Weigel-Literaturstipendium des Landes Niederösterreich und das Wiener Literaturstipendium gefördert.

www.kremayr-scheriau.at

ISBN 978-3-218-01230-0

Schutzumschlaggestaltung: Christine Fischer
Unter Verwendung eines Bierdeckels von Martin Peichl
und eines Fotos von shutterstock.com/Mr Doomits
Lektorat: Senta Wagner
Satz und typografische Gestaltung: Ekke Wolf, www.typic.at
Druck und Bindung: Finidr, s.r.o., Czech Republic

Gedruckt mit freundlicher Unterstützung
durch die Kulturabteilung der Stadt Wien
und das Land Niederösterreich.

Stadt Wien

KULTUR NIEDERÖSTERREICH